W0289726

La joie de *Benoît*

JOIE. *n.f.* : Sentiment agréable que l'on ressent lorsque l'on est très content et heureux.

À son réveil, Benoît sent un immense sourire dessiné sur son cœur. Aujourd'hui, rien, mais rien, ne peut venir perturber une bonne humeur rare. Il a en tête une chanson gaie et rythmée. Et hop, il bondit de son lit et court (danse plutôt) dire à sa mère : « Maman ! Merci, je suis tellement, tellement content que j'ai envie d'être gentil avec tout le monde ! »

Le petit déjeuner est une fête de pain et de beurre, de fromage et de confiture. Même le jus d'orange est plus orange que d'habitude. Et même sa sœur, malgré ses tentatives, ne réussit pas à rompre ses élans.

Il retourne dans sa chambre. « Ah, mon lit, mon lit chéri, mon lit mimi ! » Il n'en revient toujours pas. Il ne peut toujours pas le croire !

Avant le déménagement, il dormait dans la même chambre que sa sœur dans des lits superposés, lui en bas, elle en haut. Le jour où il a eu sa chambre à lui, il a su ce qu'il voulait, plus que toute autre chose. Mais ses parents n'étaient pas d'accord.

– Il n'y a pas la place, c'est une petite chambre.

Benoît mesurait, calculait, dessinait, intriguait, revenait avec des chiffres, des arguments, des discussions, des plaidoiries. Ils allaient dans des magasins et à chaque fois que ses parents lui montraient un lit convenable, il faisait non de sa tête. Sa sœur choisit un beau lit à une place. Un lit gris et rose, assez banal, plus haut que normal avec un tiroir dessous, bof ! Quand les parents de Benoît furent sur le point de lui commander un lit sur Internet, Benoît fit une crise de larmes.

– C'est juste pour dormir, Benoîchou ! N'en fais pas un drame.

plan de la chambre n°2
plan de la chambre n° 1
1 cm = 20 cm
140 cm
65 cm
200 cm
170 cm
50 cm
30 cm
40 cm
12 m²
140 × 200

Il alla jusqu'à rédiger un poème :

Tout ce que j'aime faire dans la vie
J'aime surtout le faire au lit
D'ailleurs, ce n'est pas tant «faire»
Mais plutôt « ne pas faire »
Plus qu'un meuble, c'est un lieu,
un état, mon lit
L'endroit au monde le plus béni
Et puis oui, un refuge où fuir
Sur ce navire en apnée pour dormir
Donnez-moi un matelas plutôt mou
Un bien-être tout doux
Flottant, planant, vautré
(Peut-être même avec un invité)
Mais attention ! Ce n'est pas pour
écrire
Seulement et surtout pour lire
Et dormir !

C'est vrai que Benoît, contrairement à ses camarades de classe, adore lire. Mais uniquement dans son lit. Alors, ce lit-là il est plus qu'important.

De nouveau, il essaya de les raisonner, de défendre son point de vue, d'intriguer en parlant d'abord avec l'un, puis avec l'autre des parents.

– On ne lutte pas contre la force du destin ! lui dit son père.

– C'est de qui ?

Le père de Benoît lui sert toujours des citations.

– D'Eschyle.

– Tu en as d'autres ?

– Ne commence pas une bataille que tu ne peux pas gagner.

– De qui ?

– Je ne sais pas. De moi peut-être.

– Si l'on se bat, on peut être battu.

– Jean-Paul Sartre !

– Oui, tu me l'as dit l'autre jour !

Benoît accepta une trêve de quelques jours, mais, dans sa tête, continuait à chercher et chercher des arguments pour ses parents. À la fin d'un des dîners (où chacun évitait

Si l'on se bat on peut être battu
J.P. SARTRE

d'évoquer le problème du lit), Benoît dit simplement : « Mais pourquoi pas ?! POURQUOI PAS ??????? »

Ses parents, à court d'arguments, ne répondirent pas.

Quelques jours plus tard, son père annonça :

– Écoute Benoît, nous sommes prêts à t'acheter un lit, un lit à deux places seulement si tu t'engages à le faire tous les jours de ta vie.

– Comme on fait son lit on se couche! dit sa mère.

– Affaire conclue !

Ses parents passent la commande. On livre le lit et Benoît est au paradis ! Il étend ses bras et regarde le plafond comme si c'était un ciel ouvert. Il se tourne et se retourne comme s'il dansait le tango. Il se lève tous les jours de bonne humeur après une nuit de beaux rêves.

Il a gagné ! Sa sœur aînée n'a qu'un pathétique petit lit d'une place mais lui il a un lit pour deux, lui et lui-même, amoureux pour la vie !

Juste un problème : quand on est si parfaitement bien, sur un petit nuage, confortable et douillet, c'est quand même un peu plus dur pour se lever !

L'envie de *Nelly*

ENVIE. *n.f.* : Sentiment de convoitise à la vue du bonheur d'autrui. Désir, souhait.

De simples et vulgaires feuilles de papier avec des petits personnages loufoques imprimés dessus… mais Nelly les adore et en veut d'autres, désespérément.

– C'est laid ! répond sa mère, chaque fois que Nelly en demande dans les papeteries.

– Tout le monde en a ! pleurniche Nelly.

– C'est cher, c'est moche, il n'en est pas question !

« J'en achèterai avec mon argent de poche », pense Nelly, mais malheureusement elle n'en a jamais assez !

Elle espionne les filles de sa classe, Sophie, Lou, Alice, Clotilde, toutes des chipies qui friment avec leurs collections bien rangées dans des classeurs transparents.

Le lendemain, dans une autre papeterie, Nelly renouvelle sa demande :

– Mes copines en font toutes la collection et après elles échangent. Allez maman !

– Commence plutôt une collection de timbres ! C'est beaucoup plus joli et ça prend de la valeur.

Nelly pense à son grand-père mort, sa loupe à la main, en train de trier ses misères de rectangles dentelés, alors, non merci !

– Sois un peu originale, Nelly ! Tu n'es pas obligée de faire la même chose que tout le monde.

D'accord, mais quelle collection alors ?

Des Kleenex usés ? Des boîtes vides de médicaments ? Des feuilles mortes ?

Non, Nelly ne rêve qu'à ces feuilles de papier

loufoques pour justement être comme tout le monde. Quel confort de suivre la mode, de faire partie de la foule. En plus, elle a aussi très envie de les regarder, les toucher, les compter, les exhiber exactement COMME TOUT LE MONDE, une chipie parmi les chipies !

Nelly est dans la meilleure classe musique de l'école. Comme elle a de bonnes notes et qu'elle joue très bien du violon, ses parents viennent de lui offrir un bon instrument.

Mais aujourd'hui cela lui est bien égal. Elle ne veut qu'une seule petite chose ! Est-ce trop demander ?

mardi 14 mai 2010
4+8=
12+9=

Toutes ses copines emportent leurs classeurs dans la cour de récréation. Toutes sauf elle, la seule à ne pas avoir ces feuilles collées dans un bel album. Sophie, Lou, Alice, Clotilde sortent ensemble dans un nuage cotonneux de bonheur et d'excitation.

Nelly pose sa tête sur son bureau.

– Tu ne sors pas, Nelly ? demande Madame Kopé.

– Je suis fatiguée aujourd'hui. Est-ce que je peux rester dans la classe ?

– Oui, repose-toi pour le contrôle.

Nelly ferme les yeux, mais le brouhaha lui parvient de la cour.

Elle se lève comme une somnambule pour aller où ses jambes la portent : juste devant le bureau d'Alice. Ses mains, ces insoumises, fouillent dans le cartable de son amie pour extraire une liasse, des feuilles si convoitées. Elle les a !

Elle n'a pas le temps de fêter son acquisition que Madame Kopé est à ses côtés.

– Je suis revenue voir si tu allais mieux et qu'est-ce que je découvre ?

Nelly ne sait pas quoi dire à part : « Je n'ai pas fait exprès. Je ne voulais pas, c'était plus fort que moi. » Elle ne dit rien.

Quand la classe revient, Madame Kopé, qui a toujours dit qu'elle détestait le mensonge et la tricherie, annonce à brûle-pourpoint : « J'aimerais que la voleuse remette son butin à sa propriétaire. »

Nelly se lève lentement en direction d'Alice. Elle place les feuilles sur son bureau. « Je voulais juste les regarder », chuchote-t-elle. Alice est plus malheureuse que Nelly. Elle en veut à Madame Kopé d'avoir fait un tel spectacle. Ses bouts de papier débiles ne l'intéressent plus.

Nelly a du mal à se concentrer pour le contrôle. Alice aussi. Elle aimerait voir sa mère pour lui demander conseil. C'est vrai, elle n'aime pas beaucoup Nelly et elle n'a jamais cherché à être son amie. Mais là elle a l'impression de lui avoir fait du tort. Elle se sent coupable de lui avoir attiré des ennuis.

À la fin de la journée, elle a trouvé.

Dans la rue elle attrape Nelly, ouvre son cartable et sort quelques feuilles de papier.

– J'ai tout ça en double, dit-elle. Je n'en ai vraiment pas besoin.

Nelly les prend sans dire merci.

Elle est mal à l'aise car elle aurait préféré qu'Alice lui dise ce qu'elle pense vraiment, qu'elle la traite de voleuse par exemple. Au lieu de cela, Alice est gentille. Elle lui en veut. Nelly sait qu'elle ne pourrait jamais être comme l'ange Alice avec ses cheveux blonds et ses yeux bleus. Une vraie sainte-nitouche. Elle en veut encore plus à cette chipie charité.

Et après tout, sa mère a raison. Elles ne sont pas belles, ces feuilles à la nouille.

Quelle arnaque !

Les tromperies d'*Émilie*

TROMPERIE. *n.f.* :
Mensonge, tricherie.

Émilie a l'habitude de dire des mensonges. Elle est capable d'inonder une copine de compliments sur sa nouvelle robe, alors qu'en vérité, c'est la robe la plus effroyablement hideuse qu'elle ait jamais vue. Quand sa mère lui demande si elle a passé une bonne journée à l'école, Émilie répond oui, alors que c'était un désastre monstrueux du début à la fin. Et quand un jour sa tante lui a fait un cadeau, Émilie a dit : « Oh merci, j'adore ! » Un vrai mensonge, pur et dur car ce jeu était pour un bébé de trois ans !

Émilie n'en est pas certaine, mais elle pense avoir appris à mentir à cause de ses parents. Voici comment. Quand elle décroche le téléphone, une dame très bavarde exige de parler à sa mère, mais celle-ci lui gribouille vite fait : « Je ne suis pas là ! » Ce n'est pas le seul exemple ! Émilie pourrait en donner plus de cent. Une fois elle a même vu son père déjeuner avec une jeune femme dans un restaurant. Quand sa mère lui a demandé ce qu'il avait mangé à

midi, il lui a répondu : « Je n'ai pas eu le temps de manger aujourd'hui. »

Sa grande sœur, Dorothée, ment elle aussi tout le temps. Elle dit qu'elle va à la bibliothèque et en vérité elle va au cinéma. Elle se maquille dès qu'elle est dans la rue. Elle cache ses chaussures à talons hauts

dans son sac et les chausse loin de la maison. Parfois, elle signe même des punitions à la place des parents.

Même la maîtresse ment : elle dit qu'elle n'a pas corrigé leurs devoirs, soi-disant parce que son bébé a versé du ketchup dessus.

« Pourquoi c'est mal de mentir si tout le monde ment ? » pense Émilie.

Un beau samedi matin, Émilie emporte tout son argent de poche au supermarché. Elle achète ses barres de chocolat favorites et des bonbons qu'elle aime. Elle les cache dans son lit à tiroir. Tous les jours, elle retire une portion de son butin pour le placer dans son sac à dos. Bien que ce soit interdit, elle s'en gave pendant la récréation.

Le soir, elle n'arrive pas à manger à table.

– Tu n'es pas malade au moins ?

– Non, c'est juste que je n'ai pas faim.

Ça, au moins, c'est la vérité. Sa mère lui avait encore menti en affirmant que les bonbons rendaient malade. Elle n'est pas malade, juste satisfaite et rassasiée.

Un jour, sa mère trouve son butin sous son lit. « Je t'ai interdit de dépenser ton argent de poche pour des bonbons ! »

– Mais c'est les restes du goûter de chez Anaïs !

Un autre jour, son père avait cuisiné un superbe gâteau pour des invités. Émilie a commencé par une miette, puis une tranche et, elle ne sait pas comment, la moitié du gâteau a disparu.

– Émilie !!!!!!!

Avant même d'arriver dans la cuisine, elle sait ce qu'elle va dire : « C'est pas moi ! C'est Dorothée ! »

Une autre fois, Émilie comprend le réel danger d'un mensonge quand on est pris en flagrant délit. C'est arrivé à sa sœur, Dorothée, qui annonce un soir qu'elle va dormir chez Agnès afin de réviser son interro d'histoire. Et puis cette andouille d'Agnès téléphone à la maison : « Puis-je parler à Dorothée ? »

– Elle n'est pas chez toi ?

– Ah, elle vient chez moi ?

– Oui, et elle est partie il y a trois heures !!!!!

Le papa d'Émilie raccroche et crie : « ÉMILIE ! » comme si c'était de sa faute. « Où est ta sœur ? »

– Tu crois qu'elle me dit où elle va ? Peut-être est-elle chez Barbara et qu'elle ne vous a rien dit car elle sait que vous ne l'aimez pas.
Les parents d'Émilie tournent en rond, s'arrachent les cheveux (enfin pas son père, il n'en a pas !) et se disputent. Ils ne connaissent ni le nom de famille ni le numéro de Barbara. Ils rappellent Agnès qui leur donne aussitôt le numéro.
Personne ne répond. Ils envoient Émilie au lit. Elle les entend discuter, refaire le numéro toutes les cinq minutes. Personne ne dort. Enfin, quelqu'un répond chez Barbara. « Bien sûr qu'Émilie est là, nous venons de rentrer de la pizzeria. Je vous la passe. »
Une seule phrase est criée : « Tu rentres immédiatement et tu ne sortiras pas pendant six mois ! »

Émilie se dit que ce n'est peut-être pas une bonne idée de mentir. Ses parents sont dans un tel état de choc, eux qui faisaient confiance à leur fille. Et Dorothée est en larmes.
Mais si jamais on ment, il vaut mieux le faire bien. En fait, mentir demande de la filouterie et de l'intelligence. Autrement, mieux vaut s'abstenir !

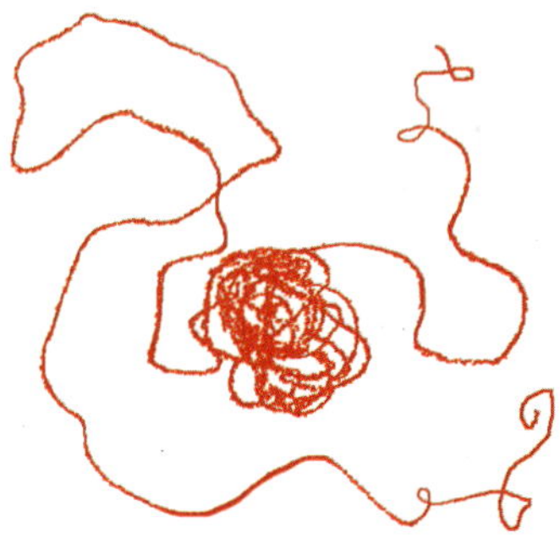

© 2010, Éditions De La Martinière Jeunesse,
une marque de La Martinière Groupe, Paris

Joie, illustrations par Hanoa
Benoît est au paradis dans son nouveau lit.

Envie, illustrations par Lucile
Nelly ne s'en sort pas de sa jalousie.

Tromperie, illustrations par Pauline
Si tout le monde ment, pourquoi pas Emilie ?

Susie Morgenstern

Livre 2

La Surprise de Moïse
La Peur de Fleur
L'Ennui de Freddy

De La Martinière Jeunesse

La surprise de *Moïse*

SURPRISE. *n.f.* : 1. Étonnement. 2. Ce qui surprend. 3. Cadeau ou plaisir fait à quelqu'un qui ne s'y attend pas.

Depuis qu'ils sont arrivés en France, Moïse voit à peine ses parents. Ils travaillent tout le temps pour nourrir leurs enfants. Cela n'empêche pas le ventre de Moïse de pleurnicher toute la journée de faim. Il aime beaucoup l'école parce qu'il y mange bien. En fait, il aime tout à l'école : la maîtresse, les copains, la bibliothèque, la cantine, la récré. Il aime même les devoirs.

Les parents de Moïse n'ont ni le temps ni les moyens d'inviter les gens de l'immeuble ou leurs rares connaissances à la maison. Ils rentrent, se lavent, font à manger, rangent puis s'endorment. On n'oublie jamais le bisou rapide du soir, mais il n'y a ni berceuse ni conte de fées pour l'accompagner.
Noël arrive et repart sans que Moïse et sa famille voient le moindre signe de vie du Père Noël. Heureusement, il est en vacances et ne voit pas tous les jeux que ses camarades de classe ont l'habitude de faire défiler devant lui à l'école.
Le Jour de l'an, on frappe à la porte. Des voisins entrent avec des gâteaux et un paquet pour chaque enfant. Les yeux de Moïse s'écarquillent comme si deux lunes avaient pris leur place. Sa bouche s'ouvre si

grand qu'il pourrait avaler un éléphant. C'est un couple sans enfants qui fait toujours des sourires à Moïse. Il a un peu peur d'eux. D'abord ils sont blancs ; et bien qu'ils soient gentils, il ne les comprend pas tout à fait.

La mère de Moïse prépare le café pour servir avec les gâteaux. Moïse tient dans ses mains, pendant un long moment, le paquet tout emballé et enrubanné. Il n'a jamais eu de cadeau de toute sa vie. Il aimerait garder ce moment à tout jamais, imaginer le contenu, le soupeser, le renifler. Il voudrait remettre à beaucoup plus tard l'ouverture pour ne pas déchirer le papier comme ses frères l'ont fait. Il ne regarde pas les cadeaux de ses frères, il veut juste saisir ce moment d'étonnement, cette surprise venue de la porte d'à côté.

Bienvenue

– Tu ne l'ouvres pas ? demande la voisine.

Ne sachant que répondre, Moïse ouvre délicatement le paquet sans abîmer le joli papier couvert de lettres qui dessinent « Joyeux Noël ». Avant même de savoir ce que c'est, il savoure la douceur de ce cadeau tombé du ciel. Ce pourrait être une savonnette, une paire de chaussettes, un cahier, un livre, n'importe quoi, quelqu'un a pensé à lui.

Ce qu'il découvre ne lui fait pas plaisir (et en même temps, un peu plaisir). C'est un pistolet. Tout de suite ça lui rappelle la guerre dans son pays d'origine, leur fuite, le bruit des tirs, la peur dans le ventre.

Il a du mal à prononcer ce qu'on lui a appris parmi ses premiers mots. Il le dit cependant : « Merci ! »

En voyant la réaction de Moïse, le voisin comprend son erreur. Il le prend par la main et lui montre comment on remplit ce pistolet d'eau.

– C'est pour de faux ! lui dit-il. Pour faire des blagues.

Moïse s'exerce à tirer dans l'évier. Il fait trop froid pour aller dehors et il n'ose pas tirer sur ses parents ou les invités. Il attendra le printemps.

Ce n'est pas une poupée, ce n'est pas un doudou, mais Moïse place le pistolet sous son oreiller quand il se couche. C'est son premier cadeau !

Qu'est-ce qu'il aimerait à son tour faire un cadeau à quelqu'un, à ses parents, à ses frères, à ses gentils voisins. Mais pour faire cela, il faut avoir des sous, et ça, il n'en a pas du tout. Dès fois, il traîne après l'école avec ses frères dans la galerie marchande près de chez eux et il rêve de pouvoir acheter telle assiette en porcelaine pour sa mère ou une veste chaude pour son père qui travaille en plein air, ou un bon poulet rôti tout chaud

pour toute la famille. Il voudrait être assez riche un jour rien que pour cela, pour faire des cadeaux.

Moïse travaille dur à l'école. Cependant il n'a pas de bonnes notes, il ne parle pas encore suffisamment bien français. La voisine lui offre son aide pendant une heure tous les soirs. Elle lui donne confiance.

Juste avant Pâques, quand toutes les vitrines se remplissent d'œufs et de poules en chocolat, Moïse a son premier « très bien » pour une expression écrite. Ça lui donne une idée.

Il avait conservé le papier d'emballage de son pistolet. Il y met son devoir et il l'offre à ses parents le soir même, à table. Ils sont étonnés et contents.

Sa mère lui dit pourtant : « Tu ne sais pas ? C'est toi notre meilleur cadeau ! »

La peur
de *Fleur*

PEUR. *n.f.* : Émotion
que l'on ressent en face
d'un danger ou d'une menace.

– Fleur chérie, il faut absolument que j'aille chez le médecin. Je serai absente à peine deux heures. Le bébé dort, je vais te mettre un DVD. Tu es une grande fille de huit ans maintenant.

Fleur a entendu DVD et le monde est en paix. Sa mère pourrait aller jusqu'à la Lune, si Fleur a le droit de regarder un de ses DVD préférés, tout va bien.

– Ça va, maman.

– Tu peux toujours me téléphoner sur mon portable s'il y a un problème.

Fleur est déjà devant l'écran, plongée dans son film. Elle émet un petit grognement : « Oui, oui... »

La porte a claqué, le film chante et danse. Fleur est aux anges. Elle va dans la cuisine chercher quelques gâteaux pour compléter son bonheur, quand un éclair fend soudain le ciel, et le tonnerre hurle dans ses oreilles comme sept mille monstres. En même temps, le DVD s'arrête. Fleur court à la fenêtre et voit que le ciel est gris foncé, le soleil s'est enfui. Elle est parcourue par un frisson. C'est le moment où le bébé décide de s'y mettre lui aussi : il pousse un cri à glacer le sang. « Maaaaaaamaaaaan !!!!!! » C'est son seul mot mais pas besoin de plus pour comprendre qu'il faut faire vite !

Fleur va le chercher. Il est lourd maintenant qu'il a un an. Quand le tonnerre lance un autre avertissement de fin du monde, elle s'agrippe très fort à lui. Immédiatement Alfred (un vieux nom pour un vieux bébé) braille aussi fort que le ciel.

– N'aie pas peur mon bébé, dit Fleur peu rassurante, peu rassurée, tremblante et chancelante sous le poids d'Alfred qui pèse une tonne.

– Maaaaaaaamaaaaaaaan ! répète Alfred dans sa voix la plus stridente.

Fleur a l'impression d'avoir avalé une bête noire et sauvage qui grignote petit à petit ses intestins et boit son sang. Elle pose le bébé sur le sofa. Les volets se ferment avec violence.

– Maaaaaaaaaaaaaaammmmmmmaaa aaaaaaaan !

Alfred n'est plus qu'un cri perçant et une masse trémoussante.

– Maman va revenir Alfred. Je vais te chercher un biberon.

– Mamamamamamamannnnnn !

Fleur voit une tache sur le sofa. Alfred est mouillé, pipi ? Ou pire encore. Elle le reprend dans ses bras pour aller dans la cuisine. Les volets clos, tout est sombre dans la maison, le frigo ne marche plus. Fleur verse le lait dans le biberon, essayant de ne renverser ni Alfred ni le lait. Alfred est trop agité pour essayer d'enfoncer le biberon dans sa bouche. Ce n'est pas le lait qu'il veut, c'est sa maman !

Qu'est-ce qu'il sent mauvais! Il a réussi à arroser Fleur dont le T-shirt est tout humide. Elle aimerait le jeter par la fenêtre, ce n'est pas la première fois qu'il l'exaspère, mais là elle se cramponne à lui comme à une bouée de sauvetage.

Le tonnerre la fait sursauter. Elle enveloppe Alfred dans une couverture, le place sous la table de la salle à manger sur des coussins et lui dit : « On va faire une tente, arrête de pleurer. »

– Maaaaaaaaaamaaaan !

– Elle va venir...

Fleur n'en est pas si sûre. La pluie, ou plutôt la grêle, tombe sur la verrière. On dirait des

grenouilles en pierre qui essaient de briser les vitres. Peut-être que sa mère s'est noyée, ou s'est fait écraser par la horde de bestioles tombant de l'au-delà.

Elle ne le crie pas à voix haute, mais elle le dit fort en elle : « MAMAN ! »

Elle réussit à introduire le biberon dans la bouche d'Alfred. Ça le calme, mais un nouveau roulement de tambours extra-terrestres le remet dans tous ses états. Fleur a la chair de poule. Elle a envie de vomir. Elle pense qu'ils vont mourir.

Puis la pluie s'arrête et s'en va accompagnée de ses assistants, le tonnerre et la foudre. Le soleil perce un peu et envahit de nouveau le chapeau de la ville. Alfred s'endort avec son doudou et son biberon.

Fleur ouvre les volets. Elle est paralysée en attendant sa mère.

– Je suis là, ma chérie. Ça s'est bien passé ? Qu'est-ce qui est arrivé ici, on dirait qu'il y a eu un cyclone ! Et le sofa, tu sais très bien qu'il ne faut pas poser le bébé dessus ! Et pourquoi Alfred est par terre ?

Fleur ne dit rien.

– Je ne peux vraiment pas te faire confiance !

L'ennui de *Freddy*

ENNUI. *n.m.* : 1. Chose qui donne du souci, du tracas. 2. Impression de lassitude.

Il déteste le dimanche, Freddy, et surtout un dimanche de pluie ! Il resterait bien au lit jusqu'à midi, mais voilà que le remue-ménage de sa famille le réveille avec une histoire de petit déjeuner. Ça tombe bien, il a faim.

– On fait quoi aujourd'hui ? demande-t-il à toute la famille, qui se compose d'un père, d'une mère, de deux sœurs et de lui au milieu.

– Tu as vu le temps qu'il fait ?

Freddy n'a pas besoin de regarder, il entend la pluie qui tape sur le toit comme un troupeau d'éléphants.

– On va « cocooner », propose sa mère. Chacun pour soi ! Je rêve depuis longtemps de rester au lit avec un livre.

– Moi aussi ! disent ses sœurs en chœur.

– Ça te ferait du bien pour une fois, Freddy, de lire. Pour augmenter ton vocabulaire et muscler ton imagination…, dit son père qui ne lit jamais.

– Tu n'as pas de devoirs ? demande sa sœur pour l'embêter.

– Je les ai faits hier.

La journée s'étend devant lui, bercée par le

tic-tac de l'horloge, ce temps qui ne passe pas à cause d'un sablier sérieusement bouché.

Freddy retourne se coucher et essaie de se rendormir. S'il dort, disons, jusqu'à midi, le dimanche sera bien entamé. Mais allongé sur son lit, celui-ci n'est plus aussi accueillant. Il tourne en rond et attend avec impatience que ses sœurs sortent de la salle de bain. Il prend ensuite son temps pour se laver et s'habiller. Il est 9 heures.

Que faire maintenant ? Il aimerait être en haut de la tour Eiffel ou sur la route du mont Blanc, mais il ne peut pas bouger. Il pleut à verse.

10 heures : il fait dix fois le tour de la maison, avec dix haltes dans la cuisine pour dérober tantôt un gâteau, tantôt une croûte de pain.

Pourtant il n'a pas faim.

11 heures : il pense à l'ordinateur ou à la télé, mais il y a des règles chez lui. Pas de télé avant le soir, pas d'ordinateur avant midi. De toute façon, il n'y en a qu'un à la maison et

à coup sûr ses sœurs vont inventer un projet « pour l'école ». Quel dommage d'avoir dit qu'il n'avait plus de devoirs !

11 h 30 : Freddy a l'impression d'être une bête en cage ou un criminel en prison. Il fait quelques crochets dans la cuisine, inquiet qu'aucun parent n'y soit pour préparer le repas de midi. Il prend une poignée de corn flakes et écoute le craquement des céréales dans sa bouche.

– Qui veut faire l'omelette ? interroge une voix lointaine venue de la chambre des parents. À vous les enfants de nous concocter un festin.

Freddy ouvre le frigo. Des œufs mais rien d'autre.

– Une omelette à quoi ? Il n'y a rien dans cette maison.

Il enfonce une vieille saucisse dans sa bouche.

– Je fais l'omelette ! crie une de ses sœurs. J'adore casser des œufs.

13 heures : L'omelette est vite mangée ! Et ensuite ? On fait quoi ?

Freddy a un coup de barre. Il s'allonge sur le canapé du salon et fixe le plafond. La pluie est un orchestre de tambours.

Il aimerait être en pleine Amazonie ou dans un safari au Kenya. À vrai dire, il aimerait même être en classe !

– Que fais-tu, Freddy ?

– J'écoute la pluie.

– Tu veux venir avec moi voir grand-mère ? lui demande son père.

Elle est dans une maison de repos qui sent l'urine. C'est une image de l'enfer.

Ah non ! Tout sauf ça !

– Je viens de me rappeler que je n'ai pas fait l'histoire-géo !

– Et vous les filles ?

– Non, papa, on est en plein travail.

15 h 30 : Freddy prend un livre, mais ne va pas jusqu'à l'ouvrir. La pluie tombe raide.

16 heures : Il déniche une boîte de gâteaux qu'il ouvre. Il en prend un seul.

16 h 05 : Il retourne en manger un autre.

17 heures : Il a mangé tout le paquet. Il en cherche d'autres dans tous les placards.

18 heures : Son copain Léo lui téléphone. « La pluie s'est arrêtée, tu viens jouer au foot ? »

– Non, je suis trop pris.

Freddy est tout simplement las, incapable de faire l'effort de lacer ses baskets et de se déplacer dehors. Trop fatigant.

Son père revient avec un dîner chinois.

À table, sa mère dit :

– C'était un jour de rêve, n'est-ce pas les enfants ?

« Plutôt un jour de cauchemar ! » pense Freddy, qui a l'estomac lourd de s'être goinfré tout le dimanche. « Chouette, demain c'est lundi ! »

© 2010, Éditions De La Martinière Jeunesse,
une marque de La Martinière Groupe, Paris

La haine de *Solenne*

HAINE. *n.f.* : Sentiment très fort que l'on éprouve quand on déteste quelqu'un et qu'on lui veut du mal.

Solenne se réjouissait de retrouver Mimi et Malou à la rentrée. Elle adorait jouer ou traîner avec elles dans la cour de récré. En classe, elle aimait échanger des sourires complices, ça lui faisait comme une vague de plaisir et de chaleur, en plein milieu de la leçon de maths.
Tous les jours elle guettait leur arrivée pour se mettre à côté d'elles, là où elle était bien, protégée de la foule agitée des autres.

Solenne ne savait jamais quoi répondre à sa mère quand celle-ci demandait : « À quoi avez-vous joué aujourd'hui? » ou « De quoi avez-vous parlé ? », ou même « Qu'as-tu appris à l'école ce matin? » Elle marmonnait toujours : « Je ne me rappelle pas. » Et c'était à la fois vrai et pas vrai. Disons qu'elle n'aimait pas faire l'effort de lui répondre. Que dire d'ailleurs ? Elle avait été AVEC ses copines, elles avaient joué au ballon, à cache-cache, ou à la corde à sauter. Peu importe ! Cela n'avait aucune importance ! Le principal, c'était que Solenne n'était pas seule dans son coin. Comme Salomé, timide et triste, qui faisait semblant d'être bien mais qui souriait dans le vide.

Solenne était ravie d'aller à l'école pour retrouver ses copines.

Puis un matin, au lieu de bondir de son lit comme tous les jours, elle a dit : « Maman, je ne veux pas aller à l'école. »

– Pourquoi ? Tu es malade ?

– Non… oui ! J'ai mal au ventre.

– Tu n'as pas de fièvre, dit sa mère en mettant la main sur le front de sa fille. Lève-toi vite, ça va passer.

Depuis ce jour-là, chaque après-midi, la mère de Solenne va chercher une fille morose, au bord des larmes. Et chaque matin, c'est une fille qui a mal au ventre et ne veut pas aller à l'école.

– Est-ce que la maîtresse t'a grondée, ma chérie ?

– Non, répond Solenne, sans plus de renseignements.

– Le repas à la cantine était-il mauvais ?

Silence.

– Est-ce que tu ne comprends pas quelque chose en classe ?

Silence.

Plusieurs semaines se passent ainsi. Sa mère lui achète une belle robe, mais

Solenne n'a même plus le goût de bien s'habiller. Elle a aussi perdu l'appétit. Ses parents commencent à se faire du souci comme savent si bien s'en faire les parents. Un dimanche, Solenne écrit sur tout un bloc de Post-it jaunes des « Mimi » et sur un autre bloc rose, des « Malou ». Des douzaines de fois « Mimi ». Et des dizaines de fois « Malou ». Puis elle les colle sur tous les murs de la maison et, des couteaux et des flèches à la place de ses yeux, elle leur lance des terribles sorts.

– Meurs ! chuchote-t-elle. Un seul malheur est trop peu pour toi ! Que tu attrapes la coqueluche et la varicelle en même temps ! Que ton goûter se transforme en pierre ! Qu'on te jette du sel dans les yeux et du poivre dans les narines!

Chaque fois qu'elle passe devant ces murs jaune et rose, Solenne murmure d'autres malédictions : « Que tu deviennes bossue ! » « Que des boutons te recouvrent de la tête aux pieds et que tu ne puisses plus t'arrêter de te gratter. » « Que tu attrapes le hoquet pendant une semaine ! »
À chaque sort envoyé, Solenne se sent mieux. Elle leur invente même des diminutifs : « Espèce de Pinguinouille ! » « Fille de trinasute ! » « Couinalouse ! »
Un jour, elle se met à rêver de punitions pour elles deux : Recopier tout le livre de lecture, laver le sol des trois étages de l'école, manger les restes de la cantine, interdites de dessert pendant six mois, pas de télé l'année entière, des choux de Bruxelles à chaque repas…

Et à chaque fois qu'elle passe devant le mur rose et jaune, elle n'oublie jamais de crier : « Je te hais Mimi ! Je te hais Malou ! »
Solenne commence à passer ses récrés avec Salomé. L'appétit lui revient. Elle met sa belle robe une fois par semaine. Elle raconte à sa nouvelle amie comment Mimi et Malou l'ont laissée tomber. Elle ne sait toujours pas pourquoi elles n'ont plus voulu jouer avec elle du jour au lendemain. Il n'y avait aucune raison.
Salomé est bien avec Solenne depuis qu'elle ne se préoccupe plus des deux M. Cela n'empêche quand même pas Solenne, quand elle passe devant ses murs rose et jaune, de crier : « Je te hais. »
Et puis, avant les vacances de fin d'année, Mimi et Malou se sont approchées de

Solenne, ont pris chacune une de ses mains en lui demandant : « Tu viens jouer avec nous ? »

– Avec Salomé aussi !

– D'accord.

Depuis, Solenne a arraché les noms des murs, mais elle les garde précieusement dans son tiroir...

L'amour d'*Arthur*

AMOUR. *n.m.* : Sentiment très fort que l'on éprouve pour une personne que l'on beaucoup de plaisir à voir et par qui on est attiré.

Parfois cela vous tombe dessus ! Dès qu'elle l'aperçut, avec sa trompette dans le couloir du conservatoire, Gaëlle fut paralysée comme si elle avait reçu un poignard en plein cœur. Ce n'était pas tellement sa beauté, mais sa petite fossette au milieu du menton, ses yeux comme deux étoiles brillantes dans le ciel de son visage,

et ce petit nez à croquer… Et son expression aussi qui semblait dire « Soyez les bienvenus ! »
Gaëlle, avec sa flûte traversière, ne s'est pas pour autant approchée de lui. Sa musique, qu'elle n'a pas eu le temps ou la patience d'apprendre, ne s'est pas non plus transformée en autre chose que des notes boiteuses et maladroites.
Le soir dans son lit, elle pense à cet inconnu. Elle ne connaît même pas son nom. Pour elle, c'est Monsieur Trompette-Fossettes ! Le matin en beurrant ses tartines, en marchant vers l'école, en rêvassant pendant toutes les leçons, en faisant un puits d'amour dans sa purée à la cantine, en sautant à la corde, en dessinant un animal mythique, en survolant ses devoirs, en se brossant les dents et le

soir de nouveau dans le lit, c'est elle et c'est lui. Il lui a volé son cœur. Elle n'appartient plus à elle-même.

Gaëlle compte les jours qui la séparent de sa leçon détestée de flûte. La flûte c'est encore une idée de sa mère : « C'est une vraie voix, presque humaine. Tu vas adorer. »

Gaëlle n'adore pas.

Mais Monsieur Trompette-Fossettes est là, comme la semaine précédente. Il ne la voit pas. Gaëlle demande à son amie Leïla : « Tu le connais ? »

– Qui ? Arthur ?

– Tu le connais alors ?

– Il était dans mon cours de solfège l'année dernière.

– Comment il est ?

– Normal ! dit Leïla.

JAZZ

Gaëlle ne cesse de penser à lui pendant son cours de flûte, à tel point que la musique n'est que cacophonie. L'important est d'en finir avec la leçon et de retrouver cet Arthur.

En sortant elle suit l'étui de la trompette. Elle le suit à travers les Halles, le long de la rue Montorgueil, jusqu'à la rue Saint-Fiacre, sa rue à elle, puis, jusqu'au boulevard Bonne-

Nouvelle. Elle le voit entrer dans un immeuble. Elle l'aurait poursuivi à l'intérieur, si elle n'avait pas été arrêtée par le code, qu'elle ne connaît pas. Elle ferait une piètre espionne !
Gaëlle sait où il habite… à deux pas de chez elle ! Il habite aussi dans sa tête et dans son cœur. Elle l'emporte partout avec elle comme un téléphone mobile. Elle lui parle. Il lui répond. Elle ne sait pas ce qu'elle lui dit ou ce qu'il lui répond, elle sait seulement qu'ils se parlent.
Elle décide de lui écrire une lettre : « Cher Arthur, tu ne me connais pas, mais je t'ai vu et je sais que je vais t'aimer jusqu'à l'éternité, jusqu'à l'infinité, et pour toujours. Et je sais aussi que si jamais tu te décidais à regarder ailleurs que le bout de ta

trompette, tu m'aimerais également. Ton amoureuse, Gaëlle »
C'est impossible, elle ne peut pas attendre la semaine prochaine pour le revoir. Après l'école, elle fait le pilier devant son immeuble. Son cœur cogne dans sa poitrine, ce cœur semblable à un fauve qui meurt de faim, prêt à sauter sur le premier morceau de viande.
Il commence à pleuvoir. Gaëlle n'a pas de parapluie. Elle entend de loin la voix de sa mère : « Tu vas attraper la mort ! » Que ce serait bon de mourir d'amour ! D'amour pour Arthur. Elle est tellement perdue dans ses pensées qu'elle a failli manquer l'arrivée d'Arthur. Il pousse le bouton et entre dans l'immeuble. Gaëlle est satisfaite. Elle l'a vu. Il existe !

Elle retourne à la maison, se sèche les cheveux et se met en pyjama. Avant de faire ses devoirs, elle lui écrit un poème :

Cher Monsieur Trompette-Fossettes
Je t'ai vu, une vraie tempête
En attendant le tête-à-tête
Tu es la vedette
De mon cœur.

Ce n'est que le premier d'une longue série de poèmes et de lettres qu'Arthur ne recevra jamais parce qu'ils restent dans le tiroir du bureau de Gaëlle. Mais chaque semaine, elle va à sa leçon de flûte détestée et chaque soir, après l'école, elle le guette devant la maison.

À la fin de l'année du conservatoire, il lui

est tellement familier qu'elle le suit automatiquement. Un jour, il se retourne au milieu de la rue et lui adresse la parole :

– Tu vas au conservatoire aussi ? lui demande-t-il.

Elle répond en lui montrant sa flûte.

– Comment t'appelles-tu ?

Est-ce possible qu'elle ait oublié son nom ? Ou perdu sa langue ?

Ah oui ! « Gaëlle. »

– On marche ensemble ?

– D'accord, dit-elle avec nonchalance, comme si de rien n'était.

Frustrée,
Daphné

FRUSTRATION. *n.f.* : Sentiment pénible d'être privé de ce que l'on attendait.

Daphné est née et vit dans la principauté de Monaco sur la Côte d'Azur. On dit « principauté » parce qu'il y a un prince et aussi des princesses. Mais ce n'est pas un conte de fées ! Au contraire !

Bon, elle n'est pas à plaindre Daphné, avec son lit à baldaquin, le chauffeur qui la conduit tous les jours à son école privée, ses vêtements achetés dans les boutiques les plus chics de Monte-Carlo, sa télé, son ordinateur, son téléphone portable ; bref, elle-même vit comme une princesse.

Mais Daphné se sent bien seule dans le grand appartement qui surplombe la mer. Oui, il y a la mer, le soleil sur une grande terrasse, et même une piscine sur le toit ! Il y a aussi une cuisinière qui mijote des petits plats raffinés, tout en parlant uniquement le russe. Et voilà le problème : tout le monde chez elle ne parle que le russe. Tout le monde... sauf elle !

Chaque jour à son retour de l'école, elle est obligée de prendre le thé (TCHAI !) avec sa mère et sa grand-mère. Toutes les deux passent leur temps à lui faire des bisous, passent leur vie à lui offrir des cadeaux de grandes marques et s'exclament à la moindre de ses apparitions. Mais ces deux êtres, censées être les personnes les plus proches d'elle au monde, ne sont en réalité que deux étrangères qui bavardent dans une langue dont elle ne comprend pas un traître mot !

Que peuvent-elles bien se dire pendant cette heure d'agonie qu'elles passent ensemble? Ne le demandez pas à Daphné ! Elle refuse de comprendre ou de parler cette langue, si laide à ses oreilles. Et puis sa mère et la mère de sa mère connaissent très bien le français, alors pourquoi insistent-elles tant avec cette langue ?

« Dobryj dyen' Daphnushka ! Kak dyela ? Kaklye nOvosti ? Ti takAya kraslvaya. Moy mIliy Angel. ZAychik moy ! Ya ga-tOv pa-da-rIt' te-bE ves' mir ! »

Et voilà le cauchemar de Daphné. Elles parlent et elles papotent et elles jasent et elles jactent. Daphné fait la sourde ou la muette (sauf dans sa tête où elle hurle, elle hurle des gros mots ! En bon français !)

Parfois Daphné se « débranche » en pensant à autre chose : à son amie Patrizzia par exemple, qui parle italien, à Edward qui parle anglais, à Jiang qui est chinois. Elle revient sur terre quand elle comprend, par l'intonation, que sa mère lui pose une question. Daphné la fixe et ose dire ce qu'elle a toujours rêvé de dire : « Bla bla

bla ! » Puis elle se lève et quitte le salon en claquant la porte.

Est-ce trop demander à sa mère de parler normalement EN FRANÇAIS ? Est-ce normal pour une mère de faire la sourde oreille quand sa fille lui parle NORMALEMENT en français ?

Et avec son père ? Lui, il n'est jamais là. Il s'occupe de pétrole en Russie, en Ukraine, et partout où il y a des gisements. Quand il vient à Monaco, à peu près une fois par mois, il embrasse sa fille et prononce à peu près les mêmes mots (mais qui sait ?) que sa mère, c'est-à-dire : « Dobryj dyen' Daphnushka ! Kak dyela ? Kaklye nOvosti ? Ti takAya kraslvaya. Moy mlliy Angel. ZAychik moy ! Ya ga-tOv pa-da-rlt' te-bE ves' mir ! »

Il l'embrasse tendrement et lui offre encore une nouvelle poupée russe, une matriochka qu'elle doit déjà avoir en trois cent mille exemplaires, si on compte les matriochkas dans les matriochkas. Elle pourrait fournir tout Monaco en poupées russes ! Son père semble oublier que sa fille a bientôt dix ans ! Ceci dit, quand son père est là, c'est la fête ! Ils vont tous à l'*Hôtel de Paris* manger et boire… en russe !
Un jour, en classe, le directeur arrive avec un nouveau. « Je vous présente Igor. Il va falloir être patient car il ne parle pas le français. Il nous arrive de Moscou ».
Cet Igor frappe fort au cœur de Daphné. Il est beau, avec ses yeux bleus et sa tignasse blonde, son nez parfait, sa bouche souriante.

« Daphné, tu es russe aussi. Tu t'occuperas d'Igor ».

Daphné ne voit qu'une seule solution.

Elle rentre à la maison, bondit dans le salon

comme le big-bang et dit tout gentiment au couple de mères rassemblées : « Faut m'apprendre le russe d'ici demain ! Même si on ne dort pas de la nuit ! »

© 2010, Éditions De La Martinière Jeunesse,
une marque de La Martinière Groupe, Paris

Le rêve de *Claire-Ève*

RÊVE. *n.m.* : 1. Suite d'images formant souvent une histoire, qui se présentent à l'esprit quand on dort.
2. Chose que l'on aimerait bien faire ou avoir.

Claire-Ève n'avait rien demandé. Elle comptait plus tard suivre ses copains au collège de son quartier, comme tout le monde. Bon, elle a encore deux ans avant d'entrer en sixième. Il ne faudrait pas la vieillir prématurément !

Mais sa mère et sa grand-mère commencent déjà à y penser et la traînent en grande pompe au collège le plus huppé de la région. La sous-directrice, une amie de sa grand-mère, les reçoit avec un sourire. En la rencontrant avec son visage parfait, sa belle jupe, sa coiffure impeccable, Claire-Ève aime l'établissement avant même d'en avoir fait le tour.

Le collège est situé dans un vaste parc entouré de milliers de pins. De la terrasse, on voit la mer, les montagnes et la campagne à perte de vue. « C'est top ! » pense Claire-Ève.

Le terrain est énorme ! Claire-Ève n'a jamais vu autant de courts de tennis à la fois. Il y a un stade, une piscine, et… un cinéma, un vrai, comme en ville. « C'est une école ça ? » se demande Claire-Ève.

Les élèves sont partout, au hasard de leur volonté, assis dans les champs, installés autour des tables de pique-nique pour déjeuner. Ils vont et viennent à leur guise et peuvent même sortir dans les snacks et restaurants environnants, ou simplement profiter du self qui compte autant de tables dehors que dedans. « C'est pas possible ! » pense Claire-Ève.

– On fait beaucoup de théâtre ici, dit la dame sous-directrice. « Du théâtre, du cinéma, et quoi encore ? Y aura-t-il aussi des cours de maths ? » se demande Claire-Ève en souriant.

Elle entend des élèves parler en différentes langues étrangères. Deux professeurs enthousiastes s'arrêtent pour parler avec eux. On dirait des fées !

– Il y a trois mille élèves. « Trois mille amis ! » calcule Claire-Ève.

– Combien de candidats pour combien de places ? demande sa mère.

– On en prend un sur deux… ou trois.

– Comment se fait le choix?

– Il y a un examen d'anglais !

« Voilà le hic ! » pense Claire-Ève. Elle hait l'anglais. Elle n'aime pas l'entendre, n'aime pas le parler, ne veut pas l'apprendre.

Mais les élèves ont l'air tellement heureux, libres, épanouis.

– Ça coûte cher, maman ? chuchote Claire-Ève.

– C'est gratuit, c'est une école publique !

« Si on devait rêver une école, ce serait celle-ci ! » pense Claire-Ève.

En sortant, elle dit à sa mère : « C'est beau, mais je n'y arriverai jamais ! »

– Les grands rêves se réalisent toujours, ma chérie, dit sa grand-mère.

– Si tu veux très fort quelque chose, tu essaies, c'est tout. On essaie, on recommence et on recommence encore.

Dans son lit, ses écouteurs à l'oreille, elle chante à voix haute Dancing Queen. « Si j'apprends les paroles de toutes les chansons, je saurai l'anglais ! » pense-t-elle.

« Si on allait en Angleterre, en Irlande, aux États-Unis, en Australie tous les week-ends ? » demande Claire-Ève à ses parents au petit déjeuner.

– On n'a pas le temps et pas l'argent. Il faut vingt-quatre heures d'avion pour aller en Australie !

– Et si on engageait une baby-sitter anglaise ? demande Claire-Ève au dîner.

– Tu es trop grande pour une baby-sitter.

– Et si on achetait des films en V.O. ? »

– C'est possible, mais cela va-t-il suffire à t'apprendre à parler l'anglais ?

« Et si on continuait tout simplement à rêver pendant cinquante ans ? » pense Claire-Ève en rêvant !

L'échec,
Malek

ÉCHEC. *n.m.* : Le fait d'échouer,
de ne pas réussir.

Le père de Malek répétait sans cesse que ce serait une formalité, que son frère, Damien, aurait son bac, bien évidemment. Malek sentait monter la tension dans la maison. Cela faisait des mois qu'il n'avait pas le droit d'allumer la télé, de parler, de chanter, à peine de respirer. Chuuuuutttttttt ! Damien étudiait !

Son frère était depuis toujours la prima donna de la famille. À chaque fois qu'il avait telle interro, tel examen, il fallait Malekher sur la pointe des pieds. Mais Malek, qui a neuf ans de moins que son grand frère, a envie de jouer, de faire du bruit, de vivre ! Son frère, lui, n'est pas très drôle. Il a perdu sa bonne humeur le jour de la naissance de cette peste de petit frère dont l'existence a immédiatement fait de l'ombre à la sienne. Il sourit rarement, pour ne pas déranger son expression permanente de dégoût.

– Chuuuuutttttttttt ! chuchota sa mère quand Malek, en rentrant de l'école, osa lancer un « Bonjour » tonitruant. Elle était dans la cuisine à préparer le plat préféré de son fils aîné, afin de lui donner la force d'affronter l'oral du bac. C'était déjà une claque d'avoir cet oral de rattrapage à passer, mais il ne lui manquait vraiment que peu de points.

– C'est une petite formalité, répétait son père vingt fois par jour pour tenter de se convaincre.

– Damien est intelligent, proclamait sa mère.

Personne n'en doutait et ils semblaient tous avoir oublié les avertissements, les disputes, les « Tu ne travailles pas assez ! ».

Damien EST intelligent. Mais est-ce que l'intelligence suffit pour avoir le bac ?

Malek, ignorant les menaces et les mises en garde qui l'interdisaient de rentrer dans la chambre de Monsieur Prépare-le-bac, l'avait maintes fois pris en flagrant délit de jouer au solitaire devant l'ordinateur. Ah bon, c'est ça travailler ?!

Mais là, Damien travaille pour de bon. Il

révise, il s'acharne, il fait des problèmes de maths et de physique, les deux matières où il est le plus faible.

La famille entière n'est plus qu'une boule de nerfs quand Damien se rend au lycée pour cette ultime épreuve. Sa mère lui répète son éternel « Tu es intelligent », son père « Ce n'est qu'une formalité ». Et Malek contribue

aux encouragements avec un « Vas-y mec ! Et merde ! », ce qui lui attire un regard foudroyant de sa mère.

Pendant que son fils passe l'épreuve, son père pour se changer l'esprit (les idées) va acheter du champagne. Sa mère fait de l'apfelstrudel pour fêter la victoire.

Damien rentre à la maison complètement vidé, mais sans illusions.

Personne ne parle. Les grands-parents, les tantes, les oncles, les cousins, tout le monde téléphone pour avoir des nouvelles du futur bachelier.

Deux jours après, dans un rare geste d'amour fraternel, Damien invite Malek à l'accompagner au lycée pour consulter la liste des reçus. Damien Malekhe vite, Malek le suit comme il peut.

La liste est affichée. Damien la parcourt plusieurs fois avant de gémir « C'est pas possible ! » Malek la lit à son tour. Il n'y a rien d'inscrit, ni le prénom, ni le nom de famille de son frère.

Sur le chemin du retour, Damien marche beaucoup plus lentement, pas pressé de rentrer à la maison, le poids de dix chameaux sur ses épaules. Malek prend la main de Damien que celui-ci rejette avec violence. Il s'enferme dans sa chambre en claquant la porte. Malek aussi. Personne ne parle, mais tout le monde a compris.

Malek, sa tête entre ses mains, réfléchit. Les parents sont dans le salon à tourner en rond. Ils savent qu'il ne faut rien faire pour l'instant, à part se lamenter en répondant au téléphone.

Malek ouvre timidement la porte de la chambre de son frère. Il tient l'objet que Damien convoite le plus au monde : le jeu d'échecs que tonton Jacques lui a offert. Il ne frappe pas à la porte, il entre.

–Tiens, je te le donne.

Il voit les yeux rouges de ce grand frère si fort.

– C'est pas grave ! ose-t-il dire.

– Pas grave ? C'est la fin de ma vie. Ma vie est finie !

– Tu recommenceras, c'est tout.

– Ils veulent me faire perdre un an !

– Tu ne les perds pas, tu continues à vivre.

– Je ne peux pas retourner dans ce lycée !

– Tu iras dans un autre.

– Tu crois ?

– Tu auras d'autres profs et d'autres copains, une nouvelle vie !

– Tu as vu maman et papa ?

– Ils sont là, ils t'attendent.

– On joue d'abord ?

– Si tu veux.

Damien gagne. Contre ce petit morveux de frère, certes, mais cela lui donne confiance pour aller voir ses parents. Il regarde la bouteille de champagne et fond en larmes.

– Ne t'en fais pas, disent-ils. On la boira l'année prochaine.

Damien est certain que c'est vrai.

– On fait la course ? dit Malek. Je l'aurais peut-être avant toi !

Compromis,
Jérémie

COMPROMIS. *n.m.* :
Accommodement. Accord obtenu
par des concessions réciproques.

Jérémie se regarde dans le miroir, tout à fait satisfait. Il ne prend pas la peine de se coiffer, c'est très bien comme ça. De toute façon, il a déjà trop à faire, trop à gérer sa petite personne : se brosser les dents (dix secondes), mettre ses chaussettes (dix minutes). Le slip et le T-shirt c'est fait.

Sa mère lui tend son jus d'orange en disant : « Il faut te faire couper les cheveux. »
Sa sœur arrive avec son habituel : « C'est horrible tes cheveux. »

Jérémie ne comprend pas pourquoi elles lui servent cette rengaine tous les matins de sa vie. Ses cheveux sont SES cheveux, sa propriété et son droit. Non ?
D'ailleurs, dans son livre d'histoire de la Bible, il est impressionné par le courageux Samson qui perdit tout son immense pouvoir, et sa force surhumaine, quand la perfide Dalila lui coupa les cheveux. Jérémie n'est pas un superhéros comme Samson, mais il est convaincu qu'il ne sera plus lui-même si on le pousse de nouveau sur le fauteuil du barbier.

– Ça fait sale, négligé, c'est du n'importe quoi, se plaint sa mère. J'ai honte de marcher avec toi.

– Moi je le trouve beau comme ça ! ose dire son père.

– Je ne regarderais jamais un type aussi cradingue, déclare sa sœur, ignorant la remarque de son père.

– Est-ce vraiment la discussion la plus intéressante que cette famille soit capable d'avoir tous les jours à cette table ? La longueur de mes cheveux est-elle aussi passionnante ? demande Jérémie.

– Écoute, dit sa mère, les parents sont responsables de leurs enfants.

– Oui, il faut nous nourrir, nous habiller...

– Vous coiffer !

– Et… Écouter nos cœurs et nos désirs ! s'exclame Jérémie.
– Veiller à votre hygiène.
– Mes cheveux sont propres.
Jérémie les met sous le nez de sa mère pour qu'elle les renifle. « Je les ai lavés hier ! »
– Ils sont révoltants, dit de nouveau sa sœur.
– Je vais aujourd'hui chez le coiffeur, dit sa mère. Tu viens avec moi ? Tu m'accompagnes ?
Jérémie sent le piège. Mais il sait aussi qu'il résiste depuis des mois et des mois et il n'a plus le courage de continuer à se battre. En plus, il aime bien aller chez le coiffeur pour regarder comment celui-ci coupe les cheveux des… autres !
Jérémie passe encore une journée tranquille à l'école. Il a des copains, des copines, il est

bien avec tout le monde et personne ne lui fait de reproches sur ses cheveux. « Mais qu'est-ce qu'elles ont toutes les mères avec les cheveux ? » se demande Jérémie.

À la fin de la journée, la sienne vient le chercher pour l'accompagner à l'échafaud. Il sait que sa tête va tomber mais il se bat encore. « Maman, n'essaie même pas de me convaincre de les couper. »
– Non, non !
Il assiste au shampoing et au brushing de sa mère sans que personne se préoccupe de lui. Puis le coiffeur se tourne vers Jérémie en disant : « On coupe un peu ? »
– C'est toi qui décides Jérémie!
Sa mère joue à la maman cool et sereine, quelle honte après toute la pression qu'elle

lui a mise. Mais Jérémie aime sa mère et veut lui faire plaisir.

– D'accord, maman, mais pars, je reviendrai tout seul.

– Je passerai régler demain, dit-elle au coiffeur.

Dès qu'elle est partie, le coiffeur lui chuchote, complice : « On va juste couper un petit peu, égaliser ? »

Il travaille en silence. Jérémie regarde tomber quelques mèches comme si on l'amputait d'une partie de lui-même. En même temps, il aime bien qu'on lui tripote le crâne.

À la fin, rien n'a changé, mais ses boucles sont lisses grâce au brushing. Le coiffeur lui fait une queue-de-cheval qui donne l'impression que ses cheveux sont courts devant.

– Ma mère va me tuer !

– Si tu ne la tues pas avant !

Jérémie rentre à la maison.

Ils sont tous là.

– Qu'est-ce qu'on t'a fait ? lui demandent-ils en chœur.

– Ben, vous aimez ?

Sa sœur contemple son crâne en essayant de comprendre où est la différence.

– Tu es bien coiffé au moins, dit sa mère.

Son père lui fait un clin d'œil.

– Maman, dis-moi la prochaine fois que tu iras chez le coiffeur, j'irai avec toi !

© 2010, Éditions De La Martinière Jeunesse,
une marque de La Martinière Groupe, Paris

Hervé, énervé

ÉNERVÉ. *adj.* : Qui est agité, dans un état d'excitation inhabituelle.

Ce n'est pas franchement sa définition d'une journée idéale, mais, à neuf ans, il n'a pas tellement son mot à dire et le voilà encore une fois embarqué, de force, dans le programme de ses parents.

– Arrête de bouder, tu verras combien c'est agréable le bon air de la montagne !

La seule réponse d'Hervé est de grincer des

dents et d'émettre un léger « Grrrrrrrrrrrrr ! » Déjà la journée commence mal, il se sent malade à chaque tournant de la route sinueuse. De plus, sa sœur Hortense, Miss Parfaite, fait l'ange devant les parents tout en s'amusant à lui creuser la cuisse avec ses ongles bien aiguisés. Elle continue, elle le provoque, jusqu'à ce qu'il n'en puisse plus. Il réagit en lui donnant une tape… tout ce qu'il y a de plus amical. Bien sûr, elle se met à crier et c'est Hervé qui se fait gronder. Miss Parfaite Peste oui !

Son père aime prendre les tournants à cent à l'heure, sa mère hurle « Tu conduis trop vite ! » Hervé a envie de vomir, de vomir ce début de journée de misère. En plus, il a fallu se réveiller tôt, « pour ne pas perdre une minute de ce temps extraordinaire ».

Ils arrivent à ce qui est supposé être le point de départ d'une balade « magnifique » ! Ils se garent, sortent de la voiture et vont vite sur le chemin « pour profiter au maximum de ce privilège de vivre dans la nature » !

Hervé a faim. Il se concentre sur ses pieds. Marcher c'est mettre un pied devant l'autre, mais il y a des grosses pierres, et puis ça monte et il fait chaud, et, avant même de commencer, il n'en peut plus.

– C'est loin ?

On ignore sa question. Pour toute réponse, il a droit au « C'est splendide ! Regarde Hervé comme c'est éblouissant ! »

Gauche, droite, gauche, droite, Hervé ne voit rien d'autre que la terre boueuse.

– C'est glorieux ! Respirez les enfants. Sentez-vous les parfums des fleurs des Alpes ?

La seule chose qu'Hervé sent, c'est l'odeur de ses nerfs qui font des nœuds et qui brûlent.

– Ahhhhh, que c'est beau ! s'exclame sa mère. N'est-ce pas les enfants ??!!!

Forcé et contraint, Hervé obéit et regarde le paysage. Okay, c'est vrai, c'est pas mal. Mais il est capable de le voir de ses propres yeux. Sa mère l'embête avec tous ses « Oh là là ! Quelle chance on a, de voir tout ça ! »

Hervé aimerait être dans la cour à jouer avec Maamar ou au cinéma à regarder un film d'action. Il aimerait surtout être à table en train de manger un hamburger-frites ! Son ventre lui envoie des signaux de détresse. Ce matin ils ont mangé trop vite et pas assez avant de partir.

– Regardez là-bas les enfants, je pense avoir vu un chamois !

– Oui, je le vois, dit sa sœur qui ne voit rien du tout.

Hervé ne lève pas les yeux. Qu'on leur fiche la paix à ces chamois. Ils sont chez eux !

Gauche, droite, gauche, droite, son père est

silencieux mais demande subitement, comme inspiré : « Qu'est-ce qu'on mange ? »

– J'ai fait un pique-nique somptueux : des salades, des sandwiches, des chips...

– On mange quand ? demande Hervé.

– Quand on arrive au bord du lac Noir.

– C'est encore loin ?

– On est bientôt arrivés.

Hervé sait que sa mère ment. Il en a la preuve quand une heure et demie après, ils ne sont toujours pas arrivés. Il sue, il bâille, il est fatigué, il est horripilé. IL A FAIM !

Hortense marche sans rien dire.

– Regarde ta sœur, c'est une vraie gazelle !

Hervé aimerait la jeter du haut de la falaise.

Gauche, droite, gauche, droite, Hervé pense au manga qu'il a laissé sur sa table de chevet.

– Regardez les enfants, la majesté de la nature !
Hervé se crispe à chaque nouvel assaut donné à ses nerfs, déjà tout froissés.
– On arrive, on arrive, je vois déjà le lac.
« Déjà ? » pense Hervé avec amertume.
Il tombe à genoux, puis s'assoit près du lac, attendant la distribution du repas.
Sa mère fouille partout, dans son sac à dos, puis dans celui de son mari. Hervé est impatient de croquer son sandwich.
Sa mère annonce alors, comme si quelqu'un était mort : « Je crois que j'ai oublié le pique-nique à la maison. »
– Tu crois ou tu le sais ? demande son père soudain un peu énervé.
Tout d'un coup, Hervé se sent bien. Les parents ne sont pas parfaits non plus.

– Ça ne fait rien maman. On le mangera ce soir. Viens t'asseoir. Le paysage est admirable !

Quel **plaisir**, *Elvire*

PLAISIR. *n.m.* : Impression agréable que l'on a quand on est content.

Elvire se balance doucement en pensant à sa vie. Chaque fois qu'elle aime faire quelque chose, on lui dit : « Tu es trop grande maintenant. » D'abord c'était le biberon, puis la tétine, puis son doudou (qu'elle cache encore sous son matelas !), et maintenant c'est au tour de la balançoire.

Qui, se demande-t-elle, décide quand il est trop tard ou non pour certains délices ? D'un autre côté, on lui dit que c'est trop tôt. Quand elle a voulu mettre du rouge à lèvres par exemple : « Il faut attendre un peu ! » Sa mère ne souhaite pas non plus qu'elle aille toute seule à l'école ou acheter le pain. Elle est trop petite, alors pourquoi lui enlever son doudou ? Et pourquoi lui dire, quand elle plane sur la balançoire : « Tu ne trouves pas que tu es un peu grande pour ça ? »

Elle vole au-dessus de la terre, elle va et vient, elle flotte sur une mer calme. Les parfums des fleurs du jardin lui parviennent, l'herbe haute chatouille ses jambes, sa tête est dans les nuages en sucre glace, elle n'est qu'une feuille que le vent caresse. Le monde n'est qu'un bisou tendre quand la balançoire la fait voyager, ici et là, de haut en bas. Et si elle a envie, elle, de continuer à se bercer comme ça jusqu'à ses quatre-vingt-neuf ans, qui peut lui interdire ?

Non, elle ne s'arrêtera pas. Mais on a quand même réussi à injecter un peu de poison dans sa volupté, une pointe de mauvaise conscience dans son innocent plaisir : « Il ne faut pas trop s'amuser dans la vie ! »

C'est exactement la même chose quand on lui sert une grosse part de gâteau au chocolat, sa mère la regarde en lui faisant comprendre que c'est une trop grosse part.

Sa mère a beau empiler des livres sur son chevet, Elvire n'a pas envie de se remplir de mots, de phrases et de gens qu'elle ne connaît pas. Elle aime au contraire cette sensation de vider sa tête, que la douce

DEVOIRS

balançoire lui donne. Elle chantonne à chaque aller-retour : « iii-au, au-iii, iii-au, au-iii. » Elle regarde le ciel avec les nuages en forme de barbes à papa. Elle regarde les orangers et les citrons comme autant de bonbons sur l'arbre. « iii-au, au-iii, iii-au, au-iii. »

Pour aller plus haut, elle relève ses jambes puis les replie en arrière comme le lui a appris son père. Quand elle était petite, c'est lui qui la poussait et elle criait de joie chaque fois que ses mains touchaient son dos. Personne ne veut plus la pousser maintenant. Alors, avec la force de son énergie, elle y arrive toute seule, de plus en plus haut. Jusqu'à la Lune !

BISCUIT
CACAO

C'est exactement toujours à ce moment-là que sa mère lui demande : « As-tu fini tes devoirs ? » « Veux-tu venir mettre la table ? » « As-tu répété ton piano ? » « Tu viens m'aider ? »

En entrant dans la maison, elle entend sa mère parler au téléphone : « Maman, arrête ! J'ai oublié un point c'est tout ! On ne va pas en faire une maladie. Ça suffit maintenant. »

Qu'a-t-elle oublié, sa mère ? De faire ses devoirs ?

– Tu as oublié quoi, maman ?

– D'aller chercher grand-mère chez le médecin.

Elvire se demande si un jour sa mère oubliera aussi de venir la chercher à l'école !

Sa maman a l'air très embêtée. Mais n'est-

elle pas trop vieille pour être grondée ? Elle est presque en larmes. N'est-elle pas trop vieille pour pleurer comme un bébé ?
Ne voulant pas la déranger, Elvire va dans sa chambre et s'attaque à ses devoirs. Elle a intérêt à être super sage si elle veut refaire de la balançoire. Les journées sont de plus en plus longues avec trois minutes de plus de soleil par jour, et donc trois minutes de plus pour la balançoire.
Elvire termine rapidement son travail et descend vers le jardin. En passant par la cuisine, elle voit sa mère assise à table en face d'un gros pot de Nutella. Une de ses mains est enfoncée dans le bocal d'où elle retire un doigt dégoulinant de chocolat. Le doigt va directement dans sa bouche et puis elle répète l'opération plusieurs fois.

Fascinée, Elvire observe sa mère jusqu'au moment où le pot est vide.

– Maman ! Tu n'es pas trop grande pour manger tout le pot de Nutella ?

Mathieu,
curieux

CURIEUX. *adj. et nom* :
1. Qui veut voir, savoir quelque chose. 2. Personne qui veut voir ou savoir sans raison particulière.

– Tu sais comment naissent les bébés ? demande Antoine.

– Pas la moindre idée ! répond Mathieu.

– Je t'explique…

– Pas la peine !

– Et l'arc-en-ciel ? Tu sais comment ça arrive ?

– J'aime l'admirer. C'est tout.

– Et pourquoi le ciel est-il bleu ?

– Il est plutôt gris aujourd'hui !

– Où vont les abeilles en hiver ?

– Cela m'est égal !

En classe, le maître continue à vouloir imposer à Mathieu qui ne veut rien savoir des explications sur les étoiles et les constellations. Il se contente de les regarder dans le ciel, c'est tout. Mathieu s'ennuie pendant ce cours.

Aujourd'hui le maître demande aux élèves de faire une liste de dix questions dont ils aimeraient connaître la réponse. Mathieu voit bien qu'Antoine écrit comme un fou : C'est quoi un trou noir ? Combien d'étoiles y a-t-il dans le ciel ? Pourquoi la glace fond-elle ? La télé peut-elle exploser ? Le

téléphone portable peut-il nuire au cerveau ? Pourquoi l'herbe est-elle verte ?
Mathieu, lui, n'a pas une seule question en tête. Pourtant il aime bien l'école. Il aime lire, résoudre des problèmes de maths, jouer avec les copains. Mais quand le maître s'agite en sciences naturelles pour raconter comment se forment les rivières ou bien pour expliquer les différents niveaux de la Terre, Mathieu débranche son cerveau. Cela lui suffit d'apprécier les rivières, le ciel, la Terre. Quant à savoir d'où ça vient, où ça va et comment et pourquoi ça marche, il ne veut pas s'en préoccuper !
Sur la route de l'école, Antoine continue sa liste : Qui a été le premier à jouer au ballon ? Comment l'ordinateur, les avions, les trains, les voitures ont-ils été inventés ?...

Mathieu écoute le ronron de questions d'Antoine. Lui aussi, il doit absolument faire une liste pour demain. Il ne va jamais y arriver ! « Qu'aimerais-je bien connaître? Qui pourrait me dicter des idées ? » Il admire son ami Antoine, le premier de la classe. Son bras est toujours levé, il veut toujours en savoir plus et plus et plus encore. « Peut-être qu'un jour sa tête va exploser avec tout ce qu'il sait et tout ce qu'il voudrait savoir ! » pense Mathieu.

La semaine prochaine, la classe va faire une excursion au grand parc botanique. Antoine a déjà fait des recherches sur les plantes. Il connaît leurs noms, mais aussi les noms des arbres, des fleurs, des oiseaux, des insectes. C'est très bien, mais pourquoi veut-il à chaque fois partager son savoir avec Mathieu ?

Enfermé dans sa chambre, Mathieu essaie de faire ce devoir diabolique. En entendant des bruits dans la cuisine, une question surgit enfin. Il court la poser à sa mère : « Que mange-t-on maman ce soir ? » Il ne sait pas si cette question pourrait être la première de sa liste. Mais il l'inscrit quand même.

Sa mère lui répond que sa grand-mère vient dîner et hop, une autre question se présente à Mathieu : « Pourquoi les hommes meurent-ils avant les femmes ? (Ses deux grands-mères sont veuves.) »

Et de deux !

– Papa rentre tôt ce soir ?

– Oh, tu sais, ton père, il n'a jamais d'heure !

Euréka ! Une troisième question : « Mes parents vont-ils divorcer un jour, comme ceux de Diane et de Geoffroy ? »

– Mathieu, aide-moi à dresser la table et à ranger la pagaille ici.

« Et de quatre ! pense Mathieu. Pourquoi les mères veulent-elles toujours ranger ? »

Le repas avec sa grand-mère n'a pas donné de nouvelles questions, seulement de nouveaux reproches : « Mathieu, mange proprement s'il te plaît. » « Mathieu, ne parle pas la bouche pleine. » « Mathieu, va te coucher, il est tard. »

Dans son lit une cinquième question surgit : « Et si je n'étais pas leur enfant, m'auraient-ils choisi parmi tous les autres ? »

Au cours de la nuit, il réfléchit longtemps et finit, par miracle, à compléter sa liste :
« Quel temps va-t-il faire demain ? Vais-je faire de beaux rêves ? Y a-t-il assez de céréales pour remplir un grand bol au petit déjeuner ? Aurai-je une bonne note pour ce devoir ? »

Mais la plus grande question lui arrive le matin à son réveil : « Pourquoi faut-il aller à l'école ??? »

© 2010, Éditions De La Martinière Jeunesse,
une marque de La Martinière Groupe, Paris

L'agressivité, *Zoé*

AGRESSIF, IVE. *adj.* :
Qui attaque les autres
par des gestes
ou des paroles, même
quand on ne lui a rien fait.

C'est en juillet que Zoé est la plus heureuse. Ses parents travaillent encore et elle a toute la liberté de faire ce qui lui plaît : rester au lit, lire, traîner, se promener en ville. Mais le mois de juillet pour Zoé, c'est surtout la piscine municipale de son quartier.

Elle fréquente la piscine du Piol depuis toujours. C'est là qu'elle a appris à nager. C'est là qu'elle aime aujourd'hui faire des longueurs en comptant : 1..., 2... Elle parcourt un kilomètre à chaque fois en quarante allers-retours de 25 mètres.

Par contre, ce qu'elle n'aime pas ce sont les autres : les nageurs, les plongeurs, les gicleurs, les crieurs, les rieurs, mais surtout les très bons nageurs.

Zoé est une fille douce et paisible, mais dans la piscine elle devient une terroriste. Elle hait l'humanité entière quand elle n'a pas un couloir pour elle toute seule. Ses yeux deviennent des assassins. Tous les autres nageurs sont des assaillants, des envahisseurs, les saccageurs de sa tranquillité.

Avec leur crawl menaçant, leur nage papillon brutale, leurs palmes tranchantes, leur ivresse de vitesse, ils sont tous des requins, des nageurs à abattre !

Et en plus ils prennent les enfants pour des fourmis à écraser ! Zoé est une nageuse sérieuse mais pas rapide. Sa nage préférée c'est le dos crawlé. Quand elle se trouve entre un crawleur tueur et un papillonneur prétentieux, elle a des pensées meurtrières. C'est comme flotter au milieu d'un raz-de-marée. Ces nageurs ne font pas attention aux petites vieilles non plus. Leur mot d'ordre semble être : « Écrabouillez-les ! »

Mais aujourd'hui, miracle ! La piscine est presque vide, la vie est belle. Zoé se presse pour se déshabiller et mettre son maillot. Elle met l'euro dans la fente du casier. Il ne

veut pas se fermer. Elle lui donne quelques coups de poing avant de déménager dans un autre.

Elle passe aux douches où elle trouve cinq enfants qui occupent chacun un jet. Zoé attend patiemment avant de demander :

– Vous avez fini ?

– Non ! On va rester toute la journée.

Elle a envie de les étrangler, ces bidules crapules !

Elle pense en parler au maître nageur, mais elle se dirige vers la piscine et saute dans l'eau. Il fait chaud et cette première plongée procure un plaisir parfait.

Elle choisit son couloir en plein milieu de la piscine. Un autre nageur est à deux couloirs d'elle et une femme âgée nageote sur le dos le long du bord.

Zoé démarre sa comptabilité. À la troisième longueur, la dame du bord a migré dans SON couloir. Elle semble nager en zigzag. Zoé prend un autre couloir.

La dame la suit. Leurs deux têtes se heurtent et ça fait mal. La nageuse ne s'excuse même pas. Mais Zoé le fait sans réfléchir.

Elle aimerait plutôt la réprimander en lui disant quelques noms d'oiseaux !
Zoé change à nouveau de couloir. La dame la suit encore comme une malédiction. On dirait que son but dans la vie est de narguer cette nageuse innocente !
« Bon ! se dit Zoé, c'est la guerre ! » La dame sur le dos, petite baleine aveugle, vient vers elle. Zoé redouble ses battements des pieds pour fabriquer des éclaboussements et pour semer son adversaire. Elle la déteste cette abominable intruse, qu'elle aille se noyer ! Qu'elle boive la tasse et s'étouffe ! Que ses bras et ses jambes se détachent !

D'une façon ou d'une autre, Zoé est quand même arrivée au bout, à bout, dans l'énervement et l'exaspération. La dame a miraculeusement disparu, la piscine s'est vidée de toute présence humaine. Zoé devrait recommencer avec la piscine entièrement à elle, mais elle n'a plus de force.

Elle cherche son shampoing et sa serviette dans le casier. Elle se rend compte qu'elle a faim. La dame damnée est sous la douche.

« La garce ! » se dit Zoé.

Elle lui fait de grands sourires. Elle est vraiment vieille avec de la graisse qui pendouille partout.

Dans les vestiaires, la dame sort des gâteaux.

– Je les ai faits avant de venir. Tu veux goûter ? »

Ce sont des gâteaux aux amandes avec des pépites de chocolat.

– Prends-en pour la route, dit la dame.

– Merci ! dit Zoé tout sourires, détendant ses deux poings jusque-là serrés en croquant le gâteau au soleil.

Timide,
Farid

TIMIDITÉ. *n.f.* : Manque de hardiesse ou d'assurance.

Son fils lui a demandé d'apporter des gâteaux. Ils avaient prévu de se rencontrer au jardin public du parc des Buttes-Chaumont. Elle est contente qu'il l'ait invitée à partager cet après-midi avec eux,

car elle n'a pas souvent l'occasion de voir son petit-fils. Ils habitent à l'autre bout de Paris. Et puis soit il est à l'école, soit il a d'autres activités.
Elle attend cinq minutes à l'endroit où elle pense que son fils lui a fixé rendez-vous en se demandant si elle a bien compris. Son fils lui parle plutôt en français. Mais les voilà qui viennent vers elle.

Elle aimerait prendre Farid, son sang et ses tripes, dans ses bras et le couvrir de baisers, mais il aura bientôt huit ans et cela ne se fait pas. D'ailleurs il ne se laisserait pas faire ! Il regarde ses pieds, il ne fait aucun signe de reconnaissance, se cache à moitié derrière son père avant de disparaître sur la pelouse pour jouer tout seul.

Mère et fils s'installent sur un banc et parlent de tout ce qu'il s'est passé depuis les dernières semaines. Elle demande poliment des nouvelles de sa belle-fille qui la boude. Elle ne sait pas pourquoi, qu'est-ce qu'elle a pu bien faire pour attirer tant d'hostilité ? Quand elle les invite pour un bon couscous, ils sont toujours pris ailleurs.

Elle suit Farid des yeux. Son fils lui tend un sandwich tunisien qu'il a acheté d'un vendeur de son quartier. Il a dû cacher cette rencontre à sa femme. Elle n'aime pas être obligée de voir son fils et son petit-fils en cachette, mais elle ne veut pas provoquer de disputes avec sa femme.

– Appelle le petit.

Farid vient. Sans dire un mot, il prend le sandwich qu'il garde dans sa main sans le

USiNE A BEBES

manger. Il ne lève toujours pas son visage. Elle lui dit : « Koul habibi ! Mange ! »

Elle y met toute la tendresse qu'elle ressent pour ce petit bout d'homme.

Farid obéit en s'éloignant du banc. Il retourne à sa parcelle de terre, s'assoit et engloutit le sandwich jusqu'à la dernière miette de thon. Son fils à son âge était sociable, d'abord avec ses frères et sa sœur, et puis avec les autres. « Peut-être, pense-t-elle, c'est parce qu'il n'a pas de frères ou de sœurs. Sa mère est française. Les Françaises sont plus paresseuses pour fabriquer des bébés. »

Elle sort les gâteaux. On attire des abeilles avec du miel et elle a toujours essayé de séduire avec sa cuisine et sa pâtisserie.

– Farid, viens, crie son père.

Il est gêné. Il aurait aimé que son fils soit plus chaleureux avec sa mère. Elle mérite mieux, elle s'est battue pour donner une éducation à ses enfants. Il sait qu'elle voudrait les voir plus souvent, et être plus proche de Farid. Elle prendrait la « grande maternité » autant au sérieux que la maternité. Mais il ne peut se battre sur deux fronts : sa femme et sa mère !

Farid, toujours comme s'il voulait être invisible, toujours les yeux dirigés vers les pieds pour éviter le contact avec cette grand-mère, accepte le gâteau. Un bien-être venu du goût sucré et croquant se répand en lui. Il lève les yeux pour en demander un autre.

– Koul ! Koul ! Mon chéri. Mange !

Il semble être sur le point de dire merci, mais les mots ne veulent pas sortir de son gosier. Elle n'en peut plus. Elle décide de lui parler.
– Je vais te raconter une histoire : Il était une fois un garçon qui est venu rencontrer sa grand-mère dans le jardin. Il ne l'embrasse pas, il ne la regarde pas, il ne lui dit même pas bonjour, et bien sûr il ne dit pas « Jedda, je t'aime. Jedda, merci pour les bons gâteaux ». Non, il va manger loin d'elle, il joue tout seul, il mange les gâteaux comme un aveugle qui ne veut rien savoir de celle qui les a faits. Bon, au moins il les mange ! Tu as une idée pourquoi le garçon se comporte comme ça avec sa grand-mère ?

Farid jette un coup d'œil furtif à son père, contemple la boîte de gâteaux et se retient d'en prendre un autre. Il réfléchit un bon moment et finalement il regarde sa grand-mère pour de bon. Est-ce que les mots vont finir par sortir, un petit « merci », un bonjour tardif ou un minuscule bisou ?

– Jeddati, ma grand-mère, peut-être que le petit garçon est très timide ????

La **nostalgie** de *Noémie*

NOSTALGIE. *n.f.* :
Tristesse vague, causée
par le regret de quelque chose
qui est fini ou que l'on n'a pas eu.

C'est la grand-mère de Noémie qui est venue la chercher en ce dernier jour d'école. Le soleil tape sur la foule des parents venus fêter le début des vacances.

« C'est merveilleux : deux mois de vacances ! Adieu crayons, adieu stylos ! » s'exclament les enfants. Mais sa mamie voit bien que Noémie n'est pas dans son assiette et ne partage pas l'enthousiasme des autres.
Elle reste figée devant le portail à fixer sa maîtresse et son maître qu'elle aime tant. Elle soulève son bras sans énergie pour leur faire un dernier au revoir.
Sa grand-mère s'impatiente, Noémie ne bouge toujours pas.
– Tu n'as pas l'air contente, ma chérie. Tu as pourtant fait une très bonne année scolaire.
Noémie lance des flèches vers le visage de sa grand-mère.
– Une bonne année ? La meilleure de toute ma vie ! s'exclame-t-elle. Et je ne veux pas que ça finisse !

Le long de la rue, Noémie marche comme une somnambule en pensant aux bons moments de l'année : quand le maître jouait de la guitare, quand la maîtresse parlait de son amour de la langue française, l'excursion à l'Opéra pour voir un ballet, Fanny et Lola à la récré. Noémie aurait aimé rester à l'école, même la nuit !

Noémie traîne avec ses souvenirs. Désormais toute sa vie se passe à l'imparfait. Le passé est parfait. Le présent, le futur sont beaucoup moins parfaits.

Bon travail !
Parfait !
Excellent !

– J'avais envie, pour fêter ça, d'aller manger une glace chez Fennocchio.

– Je n'ai pas très faim, mamie.

– On s'arrête au jardin ?

– Je préfère rentrer à la maison.

Dans sa chambre, Noémie vide son cartable, caresse ses cahiers qui contiennent les remarques de la maîtresse, range son bureau en regardant les dessins qu'elle a faits.

Elle s'assoit sur son lit et tourne les pages de ses cahiers. Elle tombe sur une mauvaise appréciation de la maîtresse. Puis une autre ! Elle se rappelle alors le jour où elle n'arrivait pas à réciter sa poésie, la fois aussi où la maîtresse l'a grondée pour des bavardages et le jour où elle est tombée dans l'escalier de l'école.

Sa grand-mère vient la voir avec un goûter.

– Mange quelque chose quand même.

– Pour toi, mamie, c'était une bonne année aussi ?

– Pour moi chaque jour où je respire est bon ! Chaque jour où je peux voir ma petite chipie galette ! Chaque jour où j'entends de la musique dans la ville. Chaque jour où je goûte un pain à la croûte croustillante. Chaque jour où je sens les parfums du marché.

– Mais tu n'es pas triste de ne plus aller à l'école ?

– Je n'ai jamais arrêté d'aller à l'école !

– TU VAS à l'école ???????? Où est ton école ?

– Mon école ce sont les gens avec qui je parle. Mon école ce sont les livres que je lis,

la vie qui m'entoure, les questions que je me pose. Même la télé c'est aussi mon école.

– Mais tu n'es plus une petite fille !

– Il y a toujours en moi la petite fille que j'étais. Je suis toujours MOI !

– Je peux aller dans ton école, mamie ?

– Oui, cet été, tu seras dans mon école.

– Et je peux être la maîtresse ?

– Dans notre école, la maîtresse c'est le monde.

– On commence quand ?

– Tout de suite.

– Qu'est-ce qu'on fait ?

– On écoute notre corps pour lui demander s'il a faim.

Noémie regarde les gâteaux sur le plateau que mamie a apporté. Elle en goûte un et

GRAOUMBLL
GRAOUMBLL
GRAOUMBLL

pense à tous les autres goûters de l'année passée, au repas de Noël à la cantine, au pique-nique le jour de l'excursion en Italie.

– C'est bon, mamie, mon corps dit oui. Mais est-ce qu'il y a des devoirs dans notre école ?

© 2010, Éditions De La Martinière Jeunesse,
une marque de La Martinière Groupe, Paris

La gêne d'*Eugène*

GÊNE. *n.f.* :
1. Difficulté que l'on ressent pour faire quelque chose.
2. Situation désagréable, embarrassante.
3. Impression désagréable que l'on éprouve devant quelqu'un quand on est mal à l'aise.

Ni le père ni la mère d'Eugène ne veulent voir ce film animé avec lui.

– Trouve-toi un copain, on n'a pas le temps aujourd'hui.

Eugène n'a pas envie de téléphoner à tout le monde. Il prend l'argent que ses parents lui donnent et décide d'y aller seul.

Le cinéma est dans son quartier, mais la salle est bien noire quand il entre au milieu des bandes-annonces. Dans l'obscurité, Eugène voit qu'elle est presque vide. Il fait son chemin en tâtonnant jusqu'au premier rang du premier balcon. Le générique démarre et Eugène est impatient d'assister au déroulement. Il adore aller au cinéma, partager les aventures des héros, se trouver dans un nouveau paysage.
Un homme vient s'asseoir à côté de lui. Eugène est très ennuyé, mais on ne peut pas empêcher quelqu'un de se placer là où il a envie. Ce voisin non prévu a payé son billet lui aussi. Eugène aimerait changer de place, mais il reste figé dans son fauteuil.
Le film démarre sur grand écran. Eugène est plein d'admiration pour l'artiste qui a créé

tant de beauté et de poésie. Il n'a jamais vu un film aussi spectaculaire et il regrette que ses parents aient un préjugé contre le cinéma d'animation. Ils adoreraient.

Toujours perplexe à propos de ce drôle de voisin, Eugène essaie de l'oublier, sauf que voilà la main de cet homme qui immigre sur son endroit secret, entre ses deux jambes. Ses pieds écrasent le sol sous ses baskets comme s'il freinait un train qui déraille. Il ne sait pas où se mettre, quoi faire ou comment appeler à l'aide. Il est paralysé. Il a mal au cœur, et envie de vomir. Sa tête qui s'envole ne lui appartient plus. Il ne sait plus ce qui se passe sur l'écran, ses yeux exorbités sont aveuglés par l'outrage.

La main masse et pétrit, fouille, devient folle. Quand l'homme essaie de voler la main

d'Eugène pour la mettre sur lui, Eugène s'arrache de son siège et fuit à l'orchestre au dernier rang.

Quelques minutes plus tard, l'homme est de nouveau à sa gauche pour l'embêter.

Cette fois Eugène se lève et court à l'extérieur du cinéma. L'homme le poursuit. Il continue à courir jusqu'à la maison en espérant que ses parents ne lui demandent rien.

Ils sont effectivement bien occupés, sa mère sur son ordinateur, son père sur le sien. Ils ne remarquent même pas son retour. Il s'enferme dans sa chambre.

Eugène n'est pas bête, il sait qu'il existe des malades, des pervers, des maniaques sexuels. Dans la cour de l'école, quand on veut insulter ou énerver un camarade de

classe, on l'appelle « maniaque sexuel ! »
C'est pire que d'autres injures.

Eugène a vu des émissions, il a entendu parler les adultes. Mais que lui soit victime ! Il se sent pollué et malpropre. Il ne veut pas prendre un bain pour ne pas attirer l'attention de ses parents.

Quand sa mère l'appelle pour venir manger, il fait semblant de dormir.

– Tu as toute la nuit pour dormir, viens à table !

– Je n'ai pas faim, maman.

Sa mère lui touche le front. « Tu n'as pas de fièvre. Viens manger ! »

Eugène n'a pas la force de résister. Il vient mollement à table.

– Tu as vu le film ?

Paniqué en se souvenant du film qu'il n'a pas vraiment vu, Eugène ne sait pas quoi répondre. Dire oui serait une confession de la violence qui lui a été faite. Dire non, c'est presque un mensonge mais pas tout à fait. Il s'en sort autrement.

– J'aimerais vraiment le voir avec vous !

Ses parents se regardent, coupables. Ils travaillent beaucoup en ce moment et ne consacrent pas assez de temps à ce fils unique qu'ils ont eu sur le tard.

Sans se concerter, ils disent en chœur : « D'accord ! On ira demain. »

Mais Eugène n'a pas envie de revoir cette salle de cinéma, pas tout de suite en tous les cas.

– On peut attendre la sortie du DVD…

– Non, pas la peine. On ira tous demain. On pourrait inviter mamie aussi.

– Si vous voulez…

Eugène mange juste assez pour ne pas être grondé. Il prend une douche d'une durée record.

Mais on ne peut se laver d'un souvenir.

La solitude de *Gertrude*

SOLITUDE. *n.f.* : Situation d'une personne qui est seule, vit seule.

Elle déteste quand sa mère sort, soi-disant pour quelques minutes, soi-disant pour faire une course, mais ne revient que des heures après. C'est vrai, elle a des devoirs. C'est vrai, elle aime lire. Bon, elle pourrait faire mille choses dans la maison, mais là n'est pas le problème. Ce n'est pas qu'elle s'ennuie, mais elle a le cœur tout serré. Elle boit un verre de lait avec des gâteaux, elle observe le paysage par la fenêtre. Elle se sent punie.

Elle allume la télé, mais garde les yeux dans le vide. Elle n'aime pas regarder la télé quand elle est seule. Les gens à l'écran ne sont pas avec elle. Ils n'existent pas ; elle n'existe pas. Elle guette le retour de sa mère.

Sa tante lui dit souvent : « J'adore la solitude : je dessine, je lis, je rêve. » Peut-être faut-il être vieille pour aimer être seule ?

Gertrude aimerait tant être à un bal masqué, ou sur un manège à la foire ou à une fête d'anniversaire. D'ailleurs, pourquoi n'est-elle jamais invitée ?

Peut-être à cause de son prénom, un prénom de grande-tante de plus de cent ans.

Sa mère l'a choisi car il signifie en allemand « la force ». Elle souhaitait que sa fille en ait pour faire face à toutes les épreuves que la vie pourrait mettre sur son chemin.

Gertrude regarde dans le miroir et voit sa seule amie, elle-même. Elle n'est pas certaine d'aimer cette amie-là ! Elle voudrait tant faire partie d'un de ces groupes de copines à l'école, ou être danseuse dans une troupe, violoniste dans un orchestre, membre d'une équipe de foot, ou encore chanteuse dans un chœur. N'importe quoi, pourvu qu'elle ne soit pas seule.

Elle s'assoit et écrit, dans son cahier, un nouveau poème qu'elle rajoute aux douzaines d'autres :

BYRON

Alors qu'il y a la plénitude
(Où ? Quand ? Qui ? Quoi ?)
Je vis dans la solitude
Où il n'y a que moi.

On pourrait croire que j'aie l'habitude
Mais cette personne cherche un toi
Et demeure dans l'inquiétude
De rester entre moi... et moi.

Elle aimerait se rendre dans une colonie de vacances, se joindre à un cirque, se faire recruter dans l'armée, former un quartette, un trio ou un duo. Elle aimerait avoir une famille nombreuse et se chamailler avec des frères et des sœurs. Elle aimerait avoir au moins quelqu'un avec qui parler.

Au moment où Gertrude formule ce souhait, on sonne à la porte, comme si une bonne fée l'avait entendue. Elle court ouvrir. C'est la voisine qui ressemble justement aux sorcières des contes de fées les plus effrayants.

– Je suis venue faire un brin de causette avec ta maman.

– Elle est sortie.

– Tu es toute seule ?

Gertrude fait oui de la tête. En l'incitant à entrer et en lui proposant de s'asseoir, Gertrude imite sa mère. « Voulez-vous boire quelque chose ? »

– Non merci, mais si vous avez quelque chose de sucré à manger, je ne dirai pas non.

BLA BLA BLA BLA BLA BLA BLA BLA BLA
BLA BLA BLA BLA BLA BLA BLA BLA
BLA BLA BLA BLA BLA BLA BLA BLA BLA
BLA BLA BLA BLA BLA BLA BLA BLA BLA
BLA BLA BLA BLA BLA BLA BLA BLA
BLA BLA BLA BLA BLA BLA BLA BLA BLA
BLA BLA BLA BLA BLA BLA BLA BLA
BLA BLA BLA BLA BLA

Gertrude ouvre la boîte de chocolats que sa mère garde pour une grande occasion.

La voisine en choisit un morceau, puis un autre et encore un autre. Elle se met à parler de ses petits soucis de santé.
Puis elle prend un autre morceau de chocolat. Elle parle de son mari mort.
Et en reprend un autre. Elle parle de ses enfants qui vivent loin. Elle parle de ses amies mortes. Elle finit par vider tout le contenu de la boîte.

Gertrude commence à rêver de la solitude.
Quand sa mère revient, la voisine est toujours là.

– Elle est saoulante, lui chuchote sa mère.

Gertrude laisse sa maman raccompagner la dame et retourne dans sa chambre. « Parfois, pense-t-elle, il vaut mieux être seule. »

L'ivresse

d'*Inès*

IVRESSE. *n.f.* : État dans lequel se trouve une personne qui a bu trop d'alcool.

Pour tout le monde, un ivrogne est quelqu'un qui boit beaucoup de vin rouge, de whisky, de vodka ou de bière. Inès, elle, ne boit rien de tout cela. Mais aussi loin qu'elle s'en souvienne, elle a toujours adoré l'eau et particulièrement prendre des bains. Chaque jour après

l'école, et avant même de prendre son goûter, elle se précipite dans la salle de bain pour faire couler un bain, comme pour se laver de l'ennui de certaines leçons, de la brutalité des garçons dans la cour, ou du snobisme de certaines filles.
Et hop, elle enlève ses vêtements et se plonge dans l'eau chaude pour y noyer sa journée, comme d'autres noient leurs soucis dans l'alcool.
Aussitôt, et toujours au mauvais moment, le téléphone sonne. Elle sait que c'est sa mère qui va lui dire qu'elle quitte le bureau, ou qu'elle sera en retard et comment s'est passée ta journée ma chérie, etc., etc. Si elle ne répond pas, sa mère s'inquiètera. Alors elle saute du bain, inonde le chemin vers le téléphone et, dégoulinante, décroche.

– Comment s'est passée ta journée ma chérie ?

– Comme d'habitude.

– Quoi de neuf ?

– Rien, maman.

– Ma chérie…

Inès reconnaît le ton de la voix et sait que sa mère va dîner avec un nouveau candidat à l'amour éternel. Avant même qu'elle ne parle, Inès la rassure : « T'en fais pas, maman. Amuse-toi bien. » Mais la vérité est qu'Inès n'aime pas ces longues soirées toute seule.

– Il y a des restes de pâtes à réchauffer au micro-onde.

– Je me débrouillerai, maman.

Inès retourne dans son bain refroidi. Elle rajoute de l'eau chaude et mijote sa

rancune. Ses parents sont divorcés et sa mère essaie de trouver un nouveau mari. Quant à son père, il est tombé amoureux d'une autre femme qu'Inès n'apprécie pas. Sa mère fait des rencontres à répétition, essaie de se convaincre qu'elle est

amoureuse, reste sur un petit nuage pendant quelques semaines, et puis tombe de haut avec fracas en faisant la liste des défauts des hommes.

L'eau est de nouveau chaude et Inès oublie tout en s'enfonçant jusqu'au cou. La chaleur fait fondre toutes ses pensées noires : l'interro de demain, la sixième l'année prochaine, sa belle-mère qui lui fait des sourires tellement faux que ça lui donne envie de vomir. Elle se savonne les fesses, les jambes, les aisselles et la poitrine. Sa mère lui a déjà parlé d'un soutien-gorge. « Pitié ! » pense Inès.

Dans le bain, sa tête flotte et son corps est sans poids. La vie plane… ailleurs. Elle est juste bien. Elle est calme et en même temps elle s'envole. Immergée dans l'eau, elle sent que tout est possible, qu'elle peut réussir son interro, entrer triomphante en sixième, trouver un prince charmant, avoir quatre enfants tout en étant cosmonaute. Mais le téléphone la ramène de nouveau sur terre. C'est l'heure où sa mère est dans les transports, qu'elle s'ennuie, et fait alors marcher son portable. « Elle sait que je suis dans mon bain pourtant ! » Elle décide de ne pas sortir.

Elle trempe ses dix orteils, ses dix doigts. Sa grand-mère lui a montré ce qu'il lui arrive : ses orteils qui se recroquevillent en vieillissant, et elle lui a parlé de ses rhumatismes. Elle lui dit tout le temps : « Profite de ta jeunesse mon Inès ! » Mais pour elle, c'est normal de ne pas avoir mal et elle ne s'imagine pas vieillir un jour.

Inès ajoute encore de l'eau chaude. Elle pourrait se passer de dîner, surtout qu'il faut le préparer. C'est décidé, aujourd'hui, elle restera dans le bain aussi longtemps qu'elle le veut. Jusqu'au lendemain peut-être, car parfois sa mère ne rentre pas de la nuit.

Elle est d'ailleurs presque endormie quand deux grandes ombres apparaissent.

– Inès ! Je t'ai téléphoné, j'étais affolée. Je te présente Jérôme.

Inès est horrifiée, toute nue dans son bain et voilà que débarque un Jérôme ! Sa mère est folle ou quoi ? Il a le bon sens de s'éclipser au moment où sa mère lui tend une serviette.

– On a apporté le dîner pour manger ici, viens vite.

Quand Inès entre dans la cuisine, elle s'aperçoit que le Jérôme en question est déjà pompette. Il y a une bouteille presque vide sur la table et il en ouvre une autre. Il rit comme un idiot, sans raison. Cette fois, sa mère se rend bien compte qu'il n'est pas pour elle, avant même d'avoir commencé à dîner.

Il y a toutes sortes d'ivresses. Un bon bain chaud, n'est-ce pas la meilleure ?

© 2010, Éditions De La Martinière Jeunesse,
une marque de La Martinière Groupe, Paris

L'embarras de *Sarah*

EMBARRAS. *n.m.* :
Situation difficile.

Paul n'est pas vraiment méchant, seulement farceur. En fait, il accomplit tout ce que les autres aimeraient faire mais n'osent pas. Ses idées ont même de la poésie. Un jour, pendant la récré, il a vidé le sac à dos du maître et l'a rempli de billes de toutes les couleurs. Le maître, en cherchant son livre de français à l'intérieur, a fait tomber les billes en cascade dans toutes les directions et il lui a fallu dix minutes pour les ramasser. Le maître n'en a pas fait un drame ce jour-là.

Un autre jour, avant le cours d'informatique, Paul a mis du papier collant sur la souris de l'ordinateur et quand le maître a voulu la déplacer, la souris est restée collée sur place. Il a mis longtemps avant de découvrir l'origine de la « panne » et a eu du mal à rester patient !

Aujourd'hui, Paul est arrivé plus tôt à l'école et a réussi à monter dans la salle de classe. Son oncle, un chimiste, lui a donné un peu de liquide qui fait dormir. Il le répand sur le bureau du maître, entre les livres et les cahiers. Puis il ressort dans la cour.

En plein milieu de la lecture d'un livre à faire dormir les plus éveillés, plonc ! la tête du maître tombe sur le bureau. Puis il se met à ronfler très fort. Paul se dirige alors vers lui et, avec un feutre noir, dessine une moustache sur son visage. Les autres élèves sont bien sûr fous de joie, sauf que la directrice choisit ce moment précis pour rendre visite à la classe. Paul est pris en flagrant délit d'insolence et son maître, en flagrant délit de grande fatigue…

La directrice le secoue sans réussir à le réveiller. Les élèves, y compris Paul, auraient pu s'inquiéter de l'avoir tué s'ils n'avaient pas entendu les ronflements sonores poussés à rythme saccadé.

– Sortez les enfants ! dit la directrice. SAUF toi ! crie-t-elle à Paul. Ne bouge pas ! Tu

veilles sur le maître et tu viens m'avertir dès qu'il se réveille.

Paul s'assoit en face de lui en le fixant. « Il n'est pas mal avec une moustache. Cela pourrait faire changer sa personnalité ! » pense-t-il tout en réfléchissant à d'autres tours à tenter. Il commence par mettre à l'envers tout ce qui se trouve sur le bureau du maître. Le verre qui contient les crayons et les stylos, l'ordre des copies pourtant soigneusement organisées. Puis il échange les cartables de tout le monde, celui de Sarah est chez Clara et celui de Clara chez Julie. Cette œuvre donne à Paul un sentiment de satisfaction.

Le maître se réveille par son propre ronflement, un genre de tremblement de terre.

– Où est tout le monde ?

– Vous dormiez, maître, et la directrice a envoyé la classe dans la cour. Elle m'a demandé de l'avertir quand vous seriez réveillé.

– Je ne comprends pas ! Va dans la cour avec les autres pendant que je me rends chez la directrice.

Ses camarades de classe encerclent Paul.

– Comment as-tu fait ?

Il explique son exploit et reçoit des félicitations unanimes. Puis le maître vient les chercher dans la cour avec sa moustache indélébile.

Malgré son allure comique et endormie, il se tient droit et proclame : « Il est interdit de parler à Paul ! Vous avez compris ? Personne ne lui adresse la parole pendant une semaine. »

La journée passe. Paul se sent subitement isolé. Sarah, Clara, Julie et les autres découvrent son dernier tour de magie avec les cartables. Sacré Paul !

Le lendemain, mardi, tous les élèves restent aussi loin que possible de Paul. Il en souffre car il aime être avec ses amis.

Mercredi, Sarah est de plus en plus embarrassée. Elle est gênée. Elle est obligée d'obéir au maître mais elle ne pense pas que Paul mérite d'être traité comme un pestiféré. Il a toujours été gentil avec elle, malgré ses tours de farceur. Souvent, il la fait rire. La punition du maître est injuste à ses yeux.

Jeudi, Sarah décide d'aller voir Paul, isolé

dans la cour. Elle ne lui parle pas, mais le regarde droit dans les yeux en lui faisant un grand sourire.

Chacun, à tour de rôle, fait la même chose.

Puis Sarah écrit une lettre à Paul. Le maître leur a interdit de lui PARLER mais pas de lui écrire.

Voyant la mine réjouie de Paul, toute la classe fait la même chose.

Le maître, observant le manège, interdit à tous les élèves de lui écrire. « Écrire est une façon muette de parler ! » hurle-t-il.

Vendredi, Sarah entre dans la cour en sautillant et en tenant la main de Paul. Ce n'est pas interdit de le toucher !

Lundi, l'interdiction est levée.

Ouf !

La honte d'*Edmond*

HONTE. *n.f.* : Sentiment très désagréable d'être humilié ou ridiculisé devant les autres.

Tout le monde sait que la famille d'Edmond n'a pas beaucoup d'argent, mais celui qui le sait le mieux c'est Edmond lui-même. On a beau lui répéter à longueur de temps « L'argent ne fait pas le bonheur », il n'est pas du même avis.

En CP, sa pauvreté ne se voyait pas trop. Même si ses camarades de classe avaient de grandes marques affichées sur leurs vêtements, Edmond paraissait comme tout

le monde. Il était toujours propre, ordonné et bien comme il fallait. C'est vrai qu'il portait le même pantalon bleu toute l'année, mais cela ne se remarquait pas.

Les choses se sont gâtées en CE1 quand il est arrivé à la rentrée avec ce même pantalon, allongé par une bande de tissu blanc pour couvrir les chevilles. Il aurait été une fille, cette bande aurait moins choqué, ou même aurait lancé une mode, mais, pour

Edmond, ce fut la fin du monde. Cela ne l'a pas empêché de faire son travail, d'être bon élève, mais cette petite bande blanche l'a écarté des autres. C'était juste trop bizarre.

La situation s'est aggravée en CE2, car la bande blanche a été rejointe par une bande rouge. Bleu, blanc, rouge, parfait pour un 14 Juillet mais pour un 3 septembre, c'était assez étonnant. Les jambes d'Edmond étaient tellement flageolantes que le pantalon aurait mieux fait d'être en bois pour le soutenir.

La plupart des enfants s'amusent à se moquer, non pas d'Edmond, mais de son pantalon qui lui sert aussi pour la gym, où il excelle autant que dans le reste. Les enfants se demandent même si cet unique pantalon ne lui sert pas également de pyjama !

CHAMP

En CM1, Edmond est de nouveau là avec une troisième bande de couleur, une rose cette fois-ci. Une solution au problème ? Edmond devrait s'arrêter de grandir !

Mais son corps n'obéit pas. D'année en année, Edmond grandit de quelques centimètres de tissu, blanc, rouge, rose... Et lui aussi rougit. Il ne regarde plus les gens en face, souvent il a envie de disparaître.

Chloé, qui s'assoit toujours à côté d'Edmond, a tellement de peine pour lui qu'elle n'arrive pas à lui parler. Il est le meilleur voisin possible. Il lui prête sa gomme et ses stylos et tout ce qui lui manque quand elle oublie. Mais elle ne voit en lui que ce pantalon de plus en plus bariolé, elle ne sait pas quoi faire pour lui. Il est

serviable, mais ne lui adresse jamais la parole, ni à elle ni à qui que ce soit d'ailleurs. Elle est en colère contre la mère d'Edmond : elle pourrait lui acheter un nouveau pantalon quand même, en faisant des économies sur d'autres choses. Pourquoi ne le fait-elle pas ?

Les CM2 préparent le marathon de toutes les écoles de la ville. Quelques CM1 peuvent y participer. On invite les meilleurs coureurs dont Edmond, avec ses longues jambes. Il aura le numéro 213. Il fabrique lui-même son dossard à enfiler sur son T-shirt.

La course du marathon fait un véritable circuit autour de la ville.

Chloé espère tant qu'Edmond gagne qu'elle ne respire presque plus.

ARRIVÉE

Et elle espère surtout qu'il aura un autre pantalon pour courir.
Le samedi matin, tous les supporters sont au départ de la course. Chloé est déçue qu'Edmond (le 213) ait le même pantalon de malheur.
Mais lui ne pense pas du tout à son pantalon, mais à sa respiration, à ses pas de course réguliers, au ciel, à la terre, à rien du tout. Il court, il dépasse les autres, il pense un peu à Chloé aussi, il l'a vue au départ. Il pense également au prix du marathon : cent euros ! Ça mettrait du beurre dans les épinards !

Il a pris de l'avance sur tous les autres coureurs. Son pantalon lui donne des ailes. Comme si les bandes de couleurs couraient avec lui, poussées par le vent, encouragées par les sourires le long de la route.

Chloé, postée près de la ligne d'arrivée, voit Edmond débouler en premier. Sa première pensée va au nouveau pantalon qu'il pourra acheter avec les cent euros.

Dans le journal local, il y a en gros : « UN COUREUR BARIOLÉ VOLE AU-DESSUS DES AUTRES ! » avec une photo d'Edmond recevant le chèque.

Le lundi matin, Edmond a toujours son bon vieux vêtement, son pantalon de chance, un pantalon qui grandit avec lui.

Et personne n'y fait plus attention. Un jour, ce pantalon sera dans un musée.

La colère de *Bérengère*

COLÈRE. *n.f.* :
Réaction très violente
de mécontentement.

Elles adorent ça, les sœurs de Bérengère. Elles la provoquent pour savourer la montée de sa furie. Elles savent très bien s'y prendre, il suffit de prononcer le mot magique et Bérengère devient un monstre sanguinaire, capable de les attaquer jusqu'au sang.

– Petite crotte de nez !

Elles l'ont dit ! Elles ont osé. Bérengère voit rouge et se transforme en taureau blessé.

Elle n'est plus la fille sage et studieuse, la meilleure de sa classe, la première à débarrasser la table et à faire son lit, le chouchou de sa mère. Elle est un oiseau de proie, un rapace, un fauve tous crocs dehors.

Et ses sœurs la poussent, l'attirent, l'enflamment en répétant ces quatre mots, « Petite crotte de nez ! Petite crotte de nez ! Petite crotte de nez ! », jusqu'à ce que Bérengère aiguise ses ongles et griffe l'avant-bras de la première venue.

Elle n'est plus un être humain, elle devient une ogresse écarlate, sauvage, sans cerveau, incontrôlable.

Ses sœurs sont ses aînées, elles devraient être moins stupides. Mais c'est leur sport préféré, faire sortir la cadette de ses gonds, la voir monter comme du lait bouilli.

Bon, elles n'ont pas assez griffé encore, elles recommencent : « Petite crotte de nez ! Petite crotte de nez ! Petite crotte de nez ! » Bérengère déchire leur peau en lambeaux, les égratigne, les lacère, les déchiquette. Vampire, elle boirait leur sang. Encore un peu et elle va les mordre.

– Petite crotte de nez !

Elles ne se fatiguent pas. Bérengère si !

Elle ne pense à rien d'autre qu'à les anéantir. C'est la guerre et ses sœurs sont… l'ennemi mortel. Pourtant, elles ont eu les mêmes parents, viennent du ventre de la même mère, elles devraient logiquement être les

ALLE

meilleures amies du monde. Le mot « sœur » ne rime-t-il pas avec « cœur » ?
Bérengère n'a plus de cœur, ou bien celui-ci est en pierre, ou bien en plomb. Elle aimerait les voir disparaître, s'évanouir ou s'évaporer dans la nature. Si Bérengère avait un couteau à la place des ongles, elle le leur planterait en plein cœur.
Ses sœurs reprennent leur torture en frottant leur index et leur pouce devant son nez et en chantant : « Petite crotte de nez ! Petite crotte de nez ! » Bérengère leur arracherait les yeux et les cheveux, leur cognerait le nez, si ses chères sœurs n'avaient pas subitement le bon sens de hurler : « Mammmaaaaan ! »
Leur mère a l'habitude de voir de tels combats entre ses filles sumos, même si le sang et les pleurs la déroutent un peu. Elle

jette un coup d'œil sur ses filles et dit calmement : « Allez-y ! Tuez-vous ! » et elle s'en va.

– MAIS MAAAAMAAAAN ! Regarde ce qu'elle nous a fait Bérengère !

– Vous vous méritez toutes les trois ! Laissez-moi tranquille ! répond leur mère.

La bataille s'arrête net. Elles se regardent sans savoir quoi dire. Bérengère est pâle, vidée, brisée, rompue. Ses sœurs échevelées saignent en respirant à coups rapides. Elles ne se rappellent même plus l'origine de cette folie furieuse. Voilà, c'est ça, elles sont folles.

Bérengère nettoie et panse les blessures de ses sœurs adorées.

Elles se changent, elles se coiffent.

Sa sœur aînée, qui est riche grâce à ses exploits de baby-sitter, s'exclame : « Je vous offre un banana split. »

Et elles sortent toutes les trois, bras dessus, bras dessous.

© 2010, Éditions De La Martinière Jeunesse,
une marque de La Martinière Groupe, Paris

Triste
Mathis

TRISTESSE. *n.f.* : Chagrin, peine.

En une journée, Mathis a gagné son match de tennis, a eu la meilleure note de la classe en maths et pour une fois la cantine n'était pas trop mal. Il était bien, vraiment bien dans sa peau, avec un grand sourire tatoué sur son visage.

Mais dès qu'il entre, triomphant, dans l'appartement, il voit que le moral de la famille est au plus bas. Sa mère essaie de se dominer même si ses yeux gonflés et rouges trahissent des larmes récentes. Son père est grave. Sa sœur est en larmes. Il sait avant même qu'on lui dise.

– C'est qui ?

– Mamie, lui lâche sa sœur.

« Pas mamie ! » pense-t-il. Son sourire s'effondre.

– Elle n'est même pas malade ! Pas mamie ! répète-t-il cette fois à voix haute. Elle est trop jeune !

– Elle a eu une crise cardiaque.

– On va la guérir.

– Ils n'ont rien pu faire. Nous allons tous nous réunir chez elle avec votre tante. Vous deux, vous restez ici. On peut compter sur vous, vous resterez bien tranquilles ?

Sa mère ne dit rien. Ses mots sont gelés dans ses larmes. C'était sa mère. On n'en a qu'une. Elle ne l'a plus.

Quand ses parents ferment la porte, il reste presque collé à sa sœur sans dire un mot. Quand la mort entre, la vie ne semble plus sûre et fiable.

– Elle est chouette, mamie, dit Mathis.

– Oui, elle l'était.

Mathis pense qu'il ne pourra jamais parler d'elle à l'imparfait. Elle lui téléphone tous les jours, et même s'il n'a pas toujours grand-chose à lui dire, il aime ce moment avec elle. Est-ce vraiment possible qu'elle ne téléphone plus ? Elle adore lui acheter des cadeaux, Mamie, même si ce sont des livres. Quand elle voyage, elle lui ramène

toujours un T-shirt de tous les pays qu'elle visite. Elle l'invite aussi tous les mercredis au restaurant japonais. Quand il était petit et qu'il voulait un hamburger (à cause de la surprise), elle lui démontrait que l'on pouvait manger tellement mieux pour le même prix. Sa sœur est enfermée dans sa propre bulle

de tristesse. Elle pense sans doute au visage ému de mamie quand elle les écoute jouer de la musique, au ton de sa voix et à l'expression de son visage quand elle va les chercher à l'école. Qui va les aimer comme leur grand-mère ?

Ils n'ont pas bougé d'un pouce quand leurs parents reviennent. Mathis n'a même pas enlevé sa veste. Il n'a pas pleuré non plus puisqu'il ne veut pas le croire.

– Bon, les enfants, dit son père (sa mère semble avoir perdu la parole), l'enterrement est dans deux jours. Vous n'êtes pas obligés de venir. C'est trop triste. Vous pourrez rester avec votre tante Françoise.

– Pas question, dit sa sœur avec conviction. Je ne sais pas pour Mathis, mais moi j'y vais.

Mamie n'aurait pas été contente qu'on ne soit pas là.

– J'y vais aussi. Je veux la voir encore. C'est ma grand-mère.

Dans son lit, dans le noir, Mathis pense encore à elle. Elle n'est pas une grand-mère conventionnelle. Elle est assez loufoque. Elle peut chanter à tue-tête en pleine rue et même faire une danse du ventre en traversant la route.

Les parents ont cédé pour l'enterrement, mais c'est normal, c'est leur droit. Mathis met le dernier T-shirt qu'elle lui a offert. Sa sœur le copie. Leur mère ne dit toujours rien. Elle et leur tante sont en noir. Elles se tiennent les bras comme deux petites vieilles.

Quand Mathis voit sa mamie allongée dans une boîte en bois, il a la honte de sa vie. D'abord celle qui est dans le cercueil ne ressemble pas à sa grand-mère. En plus, elle ne s'habillerait jamais avec une telle chemise à froufrous !

Alors, même si son père lui assure que c'est bien elle, il est frappé d'un fou rire. Sa sœur lui lance des yeux féroces. « Arrête ! »

Mais il ne peut pas s'arrêter. Il ne peut pas se cacher, il voudrait juste rentrer dans le cercueil avec sa mamie.

Son père le dirige vers la sortie. « Respire un bon coup. Ça va passer. »

– J'ai honte Papa. Je devrais pleurer, et non pas rire !

– Rire ou pleurer, c'est la même chose, Mathis. Tu es en état de choc. C'est pour ça qu'on ne voulait pas que tu viennes.

– Bon Papa, c'est passé. Je suis prêt.

Mathis rentre dans la salle de recueillement, et là pour la première fois depuis deux jours, il les sent venir. Un déluge de larmes pour cette mamie adorée.

La fierté de *Timothée*

FIERTÉ. *n.f.* : 1. Amour propre.
2. Grande satisfaction.

À peine le maître leur a-t-il donné ce devoir de français que Timothée est déjà mal à l'aise : « Choisissez un proverbe et parlez de sa signification. Il faut commencer par la phrase suivante : "Les proverbes ont une origine populaire et contiennent une vérité profonde." »

Timothée déteste ces proverbes qui prétendent tout savoir ! « Il n'y a pas de fumée sans feu » ; « On ne change pas une équipe qui gagne » ; « Comme on fait son lit, on se couche » ; « Donner c'est donner, reprendre c'est voler » ; « On n'apprend pas aux vieux singes à faire des grimaces ».

Tous les jours de l'année, son maître écrit un proverbe sur le tableau. « Le monde appartient à celui qui se lève tôt » est la citation du jour. « Et s'il appartenait à celui qui se couche tard ? se demande Timothée, ou à celui qui fait la java toute la journée ? Ou à personne puisque le monde n'est pas une propriété à vendre ? »

Quatre fois par semaine, les élèves sont censés recopier cette prétendue vérité dans leurs cahiers pour s'en inspirer.

– Qu'est-ce que tu vas prendre comme proverbe ? demande Caroline.

– « Tel père, tel fils » ou « Pierre qui roule n'amasse pas mousse » ou « L'habit ne fait pas le moine » ou « Qui va à la chasse, perd sa place » ou « Rira bien qui rira le dernier » ou « Mieux vaut tard que jamais ».

– Il a dit « choisissez UN proverbe » !

– Je hais les proverbes !

Quand le maître était enfant, entre lui et sa grand-mère, il pleuvait des proverbes en flot continu !

Timothée décide de commencer immédiatement son devoir par la phrase du maître : «Les proverbes ont une origine populaire et contiennent une vérité profonde. »

« Mais c'est quoi une "vérité profonde" ? C'est quoi la vérité ? »

MACUMBA

Timothée écrit pourquoi il pense que les proverbes permettent aux gens d'exprimer une chose à laquelle ils n'ont pas vraiment réfléchi par eux-mêmes. Il a rarement été aussi passionné par un sujet de ce maître patapouf et conventionnel. Il donne des exemples de proverbes qu'il trouve faux comme « Tel père, tel fils » ou « Il n'y a pas de fumée sans feu ». « Si ton père est un voleur et un criminel, est-ce que tu dois te sentir obligé de faire pareil ? » écrit-il.

Il prend soin de recopier le tout et rend son devoir très content de lui mais effrayé par la réaction du maître, puisque son devoir ne répond pas au sujet qu'il a donné.

La semaine passe, avec tout ce qu'elle comporte de jeux à la récré, de bêtises, de repas, de programmes télé, de jeux à l'ordinateur, de devoirs de maths, de reproches de ses parents, de nuits de sommeil et de réveils difficiles. Sans surprises.

Le choc et l'étonnement arrivent enfin ! Le maître a l'habitude de rendre les devoirs du plus nul au meilleur. Ouf ! Xavier a échappé au plus nul ! À chaque nom appelé qui n'est pas le sien, la surprise de Timothée grandit. Et quand, pour la première fois, sa copie est la toute dernière, Timothée est incrédule.

C'est une nouvelle sensation : penser qu'il est le meilleur. Est-ce qu'une carrière de meilleur de la classe s'ouvrirait à lui ? Il est assis à son bureau, mais il a l'impression d'être sur une île de bien-être. L'île Saint-Timothée !

– Je peux lire ton devoir? lui chuchote Caroline.

Le maître s'en charge. Il lit à voix haute l'essai de Timothée en faisant l'éloge de son courage et de son originalité. « Il a pris un risque ! "Qui n'ose rien n'a rien !" »

Timothée pense que le maître n'a en fin de compte rien compris.

Ça ne fait rien. Timothée est sur un petit nuage. La vie ressemble à un rocher en chocolat. Il est peut-être génial ! Il n'est peut-être pas né pour rien !

Il a hâte de partager cette nouvelle avec ses géniteurs.

Timothée est fier de lui. C'est comme s'il marchait sur de la pâte d'amandes ! Il pourrait devenir un jour président de la République. Premier de sa classe ! Cette bonne note, 19,5/20, va faire de lui un héros, au moins.

Il se met à courir. Rien n'est désormais trop difficile pour lui. Il ouvre la porte de son appartement et y entre comme un conquérant. Ses parents ne sont pas encore rentrés. Son grand frère est en train de goûter sans faire attention à lui. Timothée a du mal à retenir la grande nouvelle.

Il goûte avec son frère qui échange avec lui quelques exclamations. Il attend ses parents avec impatience.

Son père revient enfin avec les courses. Sa mère, épuisée, le suit cinq minutes après. Les garçons mettent la table, les parents préparent le dîner.

Timothée retarde le moment pour exposer sa copie aux yeux de tous.

Quand le dîner est fini, la table rangée, il lâche sa grande nouvelle, cette copie sacrée.

– J'ai eu 19,5, la meilleure note de la classe !

– Bravo ! dit sa mère en l'embrassant.

– Pas mal ! s'exclame son frère.

Son père prend le temps de lire l'essai. Puis avec un grand sourire, et même en caressant la tête de son fils, il ne peut pas s'empêcher de dire :

– « La fierté et la bêtise sont faites du même bois ! »

Cahier d'écriture

Remerciement
Un grand merci à Lorraine Pastré
pour son aide précieuse sur ces livres.

© 2010, Éditions De La Martinière Jeunesse,
une marque de La Martinière Groupe, Paris
Retrouvez toutes nos parutions sur
www.lamartinieregroupe.com et www.lamartinierejeunesse.fr